道

TASCHENBÜCHER DES JUDO BAND II

GOKYO

Die JUDO Wurftechnik

von Dr. Wolfgang Weinmann 6. Dan (DDK)

125 Zeichnungen von Gerd Engel
40 Fußdiagramme
84 Fotos von G. Voigt
und anderen Fotografen

27. Auflage
1978

ISBN 3 87892 001 6

VERLAG WEINMANN – BERLIN

Satz: Hagedorn · Druck: Hildebrand OHG.

INHALT

DIE JUDO WURFTECHNIK

Uke fällt:	TACHI-WAZA			SUTEMI-WAZA	
	Te-waza Der Gegner wird durch Hand-, Arm- bzw. Schultereinsatz geworfen	**Ashi-waza** Der Gegner wird durch Bein- und Fußeinsatz geworfen	**Koshi-waza** Der Gegner wird durch Einsatz der Hüfte geworfen	**Ma-sutemi-waza** Der Gegner wird geworfen, indem sich Tori auf den Rücken wirft	**Yoko-sutemi-waza** Der Gegner wird geworfen, indem sich Tori auf eine Seite wirft
VORWÄRTS 	Seoi-nage I/8 Seoi-otoshi Tai-otoshi II/6 Yama-arashi Kata-guruma III/8 Te-guruma Uki-otoshi IV/8	Uchi-mata II/8 Ashi-guruma III/4 O-guruma IV/6	Uki-goshi I/4 O-goshi I/6 Koshi-guruma II/3 Tsuri-komi-goshi II/4 Harai-goshi II/7 Tsuri-goshi III/2 Hane-goshi III/5 Utsuri-goshi IV/5	Tomoe-nage III/7 Tomoe-otoshi Sumi-gaeshi IV/1 Tawara-gaeshi	Hane-maki-komi IV/3 Soto-maki-komi IV/7 Uchi-maki-komi Harai-maki-komi Uki-waza V/2 Yoko-wakare V/3 Yoko-guruma V/4
RÜCKWÄRTS 	Sukui-nage IV/4 Ushiro-goshi V/5 Sumi-otoshi V/7 Morote-gari	O-soto-gari I/5 O-soto-otoshi O-uchi-gari I/7 Ko-soto-gari II/1 Ko-uchi-gari II/2 Ko-soto-gake III/1 O-soto-guruma V/1			Tani-otoshi IV/2 Ko-uchi-maki-komi Kani-basami
SEITWÄRTS 		De-ashi-barai I/1 Hiza-guruma I/2 Sasae-tsuri-komi-ashi I/3 Okuri-ashi-barai II/5 Harai-tsuri-komi-ashi III/6		Ura-nage V/6	Yoko-otoshi III/3 Yoko-gake V/8

Römische Ziffern geben die Stufe, arabische Ziffern die Reihenfolge der Techniken in den Stufen der Gokyo an.

Vom Kodokan, dem traditionellen Judozentrum in Tokyo, wurde die Judo-Wurftechnik in der Gokyo-no-Kaisetsu zusammengefaßt: 40 Techniken wurden in 5 Stufen zu je 8 Würfen eingeteilt (jap.: Go = 5; Kyo = Stufe).
Jede Stufe der Gokyo enthält Würfe verschiedener systematischer Gruppen, wie Hand- oder Hüftwürfe (siehe S. 6). Außer Einzeltechniken enthält die Gokyo auch Konterwürfe.
Die Gewichtung der Techniken folgt keiner einheitlichen Linie: Einmal wird eine Palette von Würfen unter einem Sammelnamen zusammengefaßt (Seoi-nage); zum anderen werden relativ kleine, prinzipiell nicht sonderliche gravierende Unterschiede zwischen Würfen mit eigenen Namen bezeichnet (O-goshi/Tsuri-goshi).
Am methodischen Wert der Gokyo werden Zweifel geäußert, besonders auch daran, ob die Stufen der Gokyo als Prüfungsstoff für Kyu-Grade zweckmäßig sind.
Die Anforderungen an die Falltechnik steigen zwar von Stufe zu Stufe, der Schwierigkeitsgrad der Würfe aber und demzufolge die Reihenfolge, in der sie gelehrt werden, ist umstritten. Während man früher O-goshi allgemein als „leichtesten Wurf" betrachtete und damit den Anfänger zunächst unterrichtete, wird heute auch mit anderen Würfen, wie Ippon-seoi-nage, O-soto-gari oder O-uchi-gari begonnen; der Autor z. B. lehrt als ersten Wurf De-ashi-barai. Für die weitere Ausbildung empfehlen manche Meister Würfe, die in Bewegungszusammenhang stehen, also z. B. O-goshi/Hane-goshi/Hane-maki-komi oder De-ashi-barai/Ko-soto-gari/Okuri-ashi-barai, während andere dem Anfänger lieber nacheinander einige Grundtechniken, wie z. B. O-soto-gari, O-goshi, De-ashi-barai beibringen, um ihm grundlegende Wurfprinzipien und Richtungen einzuprägen.
Kein Zweifel besteht daran, daß praktisch nur die in der Gokyo enthaltenen Wurftechniken und deren Variationen und Mischformen im Judokampf Bedeutung erlangt haben und die Gokyo inzwischen nicht nur in Deutschland, sondern auch international Anerkennung gefunden hat. Die Kenntnis der Gokyo ist für jeden fortgeschrittenen Judoka unerläßlich.
Die meisten Würfe gestatten mehrere Eindrehmethoden oder Faßarten. Oft erfordern Würfe je nach eigener Körpergröße oder Beweglichkeit

bzw. der des Gegners Abweichungen in der Ausführung. Andererseits ist es irrig zu meinen, man könne Judowürfe praktisch beliebig ausführen. Aus der Anatomie des menschlichen Körpers und dem Kampf unter Einbeziehung der Jacke des Gegners ergeben sich nur bestimmte Prinzipien, wie man einen Gegner mit Geschick zu Boden werfen kann. Was ist Grundform, was Variation? Je nach Veranlagung, Gewohnheit oder Kampfsituation wird die eine oder andere Ausführungsform eines Wurfes als günstiger empfunden. Befragt man Judolehrer nach der Grundform eines Wurfes, so geben sie häufig die Ausführungsmethode an, die sie selbst beherrschen und gern berufen sich dabei manche auf japanische Meister (. . . die es genauso machen!).

Geteilt sind die Meinungen, ob man die Würfe zunächst im Stand üben soll oder es bereits für Anfänger angebracht ist, sie aus der Bewegung zu erlernen. Manche Kämpfer empfehlen die letztere Methode als „ganz moderne Pädagogik" und meinen, Üben im Stand entspräche nicht den Wettkampferfordernissen und sei daher „verlorene Zeit". Praktiker in Sachen Unterricht weisen im Gegensatz dazu darauf hin, daß Würfe für Anfänger (häufig gleichbedeutend mit Bewegungsidioten) so schwer zu erlernen sind, daß es einfach vermessen sei, zusätzlich noch kampftechnische Bewegungsabläufe zu verlangen. Mit anderen Worten, es handelt sich um eine Aufwärmung des müßigen Streits zwischen analytischer und synthetischer Lehrmethode.

Systemfanatikern ist diese Sachlage natürlich unheimlich. Es fehlt daher nicht an Bestrebungen und Vorschlägen zur „Vereinheitlichung" von Techniken und Lehrmethoden, denen man den Anstrich unantastbarer Wissenschaft gibt, obgleich sich inzwischen herumgesprochen haben sollte, daß bestenfalls einige naturwissenschaftliche Disziplinen lupenreinen logischen Gesetzmäßigkeiten unterliegen und sich in mathematische Denkmodelle einordnen lassen, Kampfsportarten aber mit rationalen Prinzipien sicher nicht restlos zu erfassen sind. Die Individualität der Lehrenden und Lernenden wird stets Abweichungen von Regeln verlangen. Vorstellungen von „Richtigkeit" können vielfach nur statistisch bewertet werden. Daran werden auch künftig selbst „amtlichste Lehrwerke" nichts ändern.

Bei passenden und unpassenden Gelegenheiten bemühen Judofunktionäre gerne eine Parallele zwischen Sport und Kultur. Vielleicht

darf man daher anmerken, daß es etwa genauso lächerlich ist, eine „einheitliche Lehrmethode“ im Judo anzustreben, wie einen einheitlichen Kunststil.
Außerdem wäre es eine Art von Unverschämtheit, Dan-Trägern, die häufig jahrelang an **ihren** Methoden gearbeitet haben, vorschreiben zu wollen, wie sie eine Technik „richtig“ zu machen haben.
In diesem Buch soll den geschilderten Schwierigkeiten wie folgt abgeholfen werden: Allen Würfen wird eine Definition vorangestellt, die die wesentlichen Charakteristiken und Prinzipien des Wurfes enthält. Dabei bleiben grundsätzlich Eindrehmethoden, Faßarten und Ausführungsformen außer Betracht, d. h. alle Variationen können der Definition zugeordnet werden und im Kampf vorkommende Mischformen als solche anerkannt werden.
Die folgenden Beschreibungen der Techniken und die Hinweise auf Variationen stellen die Meinung des Autors dar. Andere Lehrer mögen davon abweichende Methoden bevorzugen, wenn sie ihre Gründe dafür haben. Maßstab für die Qualität einer Ausführungsmethode ist der Erfolg, den der Meister, der sie lehrt, damit selbst erzielt bzw. seine Fähigkeit, über Vor- und Nachteile seiner Methode Auskunft geben zu können.
Anfänger sollten zunächst die im Text beschriebene „Grundform“ entsprechend den gezeichneten Wurfphasen möglichst genau kopieren. Es empfiehlt sich, die Würfe zunächst im Stand evtl. verbunden mit einer bestimmten Schrittfolge schulmäßig zu erlernen. Dabei bleibt häufig weiter nichts übrig, als sich exerziermäßig Wurfelemente anzueignen. Sobald als möglich sollte der Schüler dann beginnen, diese in fließende Kampfbewegung (Randori) zu transformieren. Der Hauptübungswert liegt in der Bewegung, obgleich auch Fortgeschrittene immer wieder Würfe oder Teilbewegungen exerziermäßig wiederholen und korrigieren sollten.
Erst der Fortgeschrittene sollte sich mit den im Text beschriebenen Variationen beschäftigen oder sich eine individuelle Ausführungsform erarbeiten. Nicht jede Idee, die einem beim Üben kommt, ist sinnvoll: Bester Prüfstein für eine Methode ist ihre erfolgreiche Anwendung im Kampf – wenn schon nicht mit gleichwertigen so zumindest mit unterlegenen Partnern.

Interessant ist auch die stets aktuelle Frage, welche Würfe denn im Kampf „gehen". Die Beantwortung ist jedenfalls statistisch gesehen in Deutschland geradezu modischen Akzenten unterworfen. Während 1950 vornehmlich Hüftwürfe als wirksame Techniken schlechthin angesehen wurden, waren Ende der fünfziger Jahre Fußwürfe und Schulterwürfe „modern", während heute z. B. Tai-otoshi oder O-uchi-gari für besonders wirksam angesehen werden. International erfreuen sich besonders Uchi-mata und O-soto-gari langjähriger Beliebtheit.
Man kann feststellen, daß praktisch alle Würfe, entsprechende Übung und Begabung vorausgesetzt, wirksam sind. Lassen auch nur gewisse Techniken eine besonders zwingende Balancebrechung zu, so sind sie andererseits wieder so stark verbreitet, daß andere seltener angewandte Würfe ein höheres Überraschungsmoment aufweisen und dadurch vorteilhaft sind. Mag dies für Weltmeisterschaften, bei denen es häufig nur noch um einen Hauch von Vorteil geht, nicht überzeugen – für die Kreismeisterschaft ist es ein Argument.
In Deutschland besteht leider noch immer der Trend zum Erlernen möglichst vieler Techniken in möglichst kurzer Zeit. Darunter leidet die Qualität entscheidend.
Es sollte sich langsam herumsprechen, daß die alte Bauernregel „Viel hilft Viel" auch auf Judo nicht anwendbar ist.
Der Durchschnitts-Judoka unterscheidet sich nämlich vom Meister nicht dadurch, daß dieser mehr Würfe kennt, sondern dadurch, daß der Meister die Würfe genauer, schneller und sicherer ausführen kann. Der Meister setzt seine Kraft rationell und koordiniert mit den Bewegungen ein, er handelt intuitiv. Durch lange intensive Übung und Kampferfahrung ist er von der Qualität seiner Technik so überzeugt, daß ihn dies psychologisch zur konsequenten und damit erfolgreichen Durchführung befähigt.
In manchen japanische Dojos z. B. ist es üblich, im Winter- oder Sommerhalbjahr nur je einen Wurf zu lehren. Auch in Deutschland üben viele Kämpfer ihre Spezialwürfe jahrelang. Nur so wird es möglich, Würfe mit den zugehörigen Kombinations- und Täuschungsmanövern wirklich zu beherrschen.
Man sollte seine Spezialwürfe allerdings so auswählen, daß sich für verschiedene Verteidigungsstellungen des Gegners jeweils eine An-

griffsmöglichkeit ergibt, also z. B. ein Wurf nach vorwärts, ein Wurf nach rückwärts, ein Wurf mit Linkseingang.
Beim Üben muß größter Wert auf exakte Ausführung und ständiges ausdauerndes Wiederholen gelegt werden. Auch „modernes" Judo ist kein Synonym für Niederwalzen! Natürlich sollen im Laufe der Zeit auch weitere Techniken erlernt werden, so daß man damit in Randori oder Kampf mit Anfängern Punkte erzielt.
Es besteht kein Zweifel, daß man seine Judokenntnisse durch das Studium eines guten (!) Fachbuchs erweitern und vertiefen kann. Judotechniken sorgfältig zu beschreiben ist schwierig.
Meinen Berliner Judofreunden – vor allem von der TU Berlin – bin ich für Kritik und Mitarbeit beim Entstehen dieses Lehrbuchs zu Dank verpflichtet.
Ein Judo-Lehrbuch zu verstehen, ist ebenfalls nicht leicht, denn eine Wurftechnik besteht aus einer Vielzahl neben- und nacheinander stattfindender Einzelbewegungen der verschiedenen Körperteile und Muskelgruppen und stellt einen kontinuierlichen Bewegungsablauf dar. Zur Verdeutlichung in einem Lehrbuch kann man nur Momentaufnahmen besonders typischer Phasen dieses Bewegungsablaufes beschreiben. Der Übende muß Text und Bilder wieder in dynamische, fließende Kampfbewegung transformieren.
In GOKYO – Die Judowurftechnik sind alle Techniken nur rechts erklärt (Schokoladenseite), sie sollten – zumindest von den Fortgeschrittenen – auch analog links geübt werden.
Die Würfe sind mit den international gebräuchlichen japanischen Namen und den z. Z. gültigen Bezeichnungen des Deutschen Dankollegiums versehen. Der Werfende wird japanisch mit Tori bezeichnet; der Fallende heißt Uke.
Nehmen Sie GOKYO – Die Judowurftechnik auf die Matte mit. Vergleichen Sie immer wieder Text und Abbildungen mit Ihren eigenen praktischen Bemühungen. Lesen Sie den Text sorgfältig – es lohnt sich! Auf die Worte in unserem Text ist Verlaß! Sie können mit Hilfe **dieses** Buchs die Judowurftechnik tatsächlich erlernen! Üben – je mehr je besser – müssen Sie allerdings selbst. Viel Spaß . . . und nicht aufgeben!

Zeichenerklärung

Die wichtigsten Phasen eines Wurfs werden in Zeichnungen dargestellt. Kopf, Hände und Füße Toris sind durch Schwärzung gekennzeichnet.
Unter jeder Wurfphase befindet sich ein Fußdiagramm.

Toris Füße sind schraffiert

Ukes Füße mit Punktierung versehen

Fette Schraffur bzw. Punktierung eines Fußabdrucks bedeutet, der Fuß ist mit dem Körpergewicht belastet (oben).
Magere Zeichnung der Fußabdrücke bedeutet, der Fuß ist locker aufgesetzt:

Tori

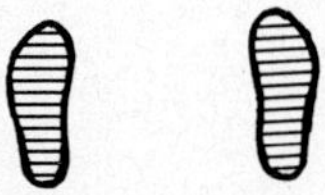

Uke

Dünne Pfeile → geben die Bewegungsrichtung der Füße an, um zur folgenden Wurfphase zu gelangen.
Die Spitze des kräftig gezeichneten Pfeils symbolisiert die Wurfrichtung.
Werden Begriffe wie rechts und links oder vorwärts und rückwärts benutzt, so gilt das (wenn nicht auf ein bestimmtes Körperteil oder Uke verwiesen wird) aus der Sicht von Tori.

De-ashi-barai
Fußfegen
I/1

Ashi-waza: Tori fegt ein vorgestelltes, nicht voll mit dem Körpergewicht belastetes Bein des Gegners – von außen etwa am Knöchel ansetzend – mit der Fußsohle vor dem Standbein des Gegners vorbei und wirft Uke zur Seite.

De-ashi-barai ist ein schneller und eleganter Wurf – ein Paradebeispiel schöner Judotechnik –, der sich ausgezeichnet für Kombinationen und plötzlich im Kampf bietende Gelegenheiten eignet. De-ashi-barai stellt an Ukes Falltechnik keine besonderen Anforderungen, erfordert jedoch ein wohlausgeprägtes Gefühl für den genauen Zeitpunkt des Wurfansatzes. Hat Tori diesen richtigen Moment verpaßt, nützt auch „Kondition" nichts mehr.

Fig. 1–3

Macht Uke mit dem rechten Fuß einen Schritt vorwärts, erfolgt der Ansatz, wenn Uke diesen Fuß auf die Matte stellen und mit dem Körpergewicht belasten will.
Geht Uke mit dem linken Fuß einen Schritt zurück (so sollten Anfänger den Wurf üben), wirft Tori in dem Augenblick, wo Uke seinen rechten Fuß von der Matte hebt, um einen weiteren Schritt zu machen. In jedem Fall darf der angegriffene Fuß noch nicht oder nicht mehr voll mit dem Körpergewicht belastet sein.

Tori erfaßt mit der linken Hand Ukes rechten Jackenärmel von unten kurz über dem Ellenbogen. Mit der rechten Hand erfaßt er Ukes linkes Revers im oberen Drittel zwischen Gürtel und Schulter (Fig. 1).
Tori steht auf seinem rechten Fuß (Zehen einwärts gerichtet) und wischt mit seiner linken Fußaußenkante (die linke Hüfte vorschieben – Bein fast gestreckt – linke Körperseite, Hüfte und Bein bilden etwa eine gerade Linie) über die Matte, so daß seine Fußsohle Ukes rechten

Fig. 4/5

Knöchel von außen trifft (Fig. 2). Toris Fußsohle ist gekrümmt (Fig. 4) und trifft etwa mit der Mitte der Fußgewölbe-Unterseite. Tori legt erst in dem Moment, in dem seine Fußsohle Kontakt mit dem gegnerischen Bein hat, Kraft in die bis zu diesem Moment zwar schnelle, aber lockere Fußbewegung. Tori fegt Ukes Fuß weiter nach rechts und nach oben (Fig. 3). Es empfiehlt sich bei De-ashi-barai (und anderen Fußwürfen) nicht allzu gierig nach dem Fuß des Gegners zu schauen, um ihn nicht vorzeitig zu warnen. Besser blickt man etwa zum Brustbein des Gegners (Übersicht) oder zu seinem anderen Fuß (Täuschung).
Mit der linken Hand zieht Tori Uke an sich heran und drückt dabei Ukes rechten Ellenbogen kreisbogenförmig nach unten. Mit der rechten Hand hebt Tori Uke an und kantet ihn nach dessen rechter Seite, indem er seinen rechten Arm (Tori hält seinen Ellenbogen in der Nähe seiner Hüfte) in einem Kreisbogen nach links oben und dann (im Kampf!) weiter nach unten, bis zu der Stelle führt, wo der Gegner fällt.

Das Zusammenwirken von Zug und Druck der Arme Toris und das Wegfegen von Ukes Fuß lassen den Gegner auf seine linke Seite fallen (Fig. 5).
Zur Abwehr eines De-ashi-barai kann man den von Tori angegriffenen Fuß energisch zurückziehen und evtl. in einer Kreisbewegung hinter das Angriffsbein Toris bringen und mit De-ashi-barai oder Okuri-ashi-barai kontern: Tsubame-gaeshi. Eine weitere Verteidigungsmöglichkeit besteht darin, die Spitze des angegriffenen Fußes nach außen zu drehen und das Bein zu belasten.

Hiza-guruma
Knierad
I/2

Ashi-waza: Tori setzt seine Fußsohle gegen Ukes Kniepartie und wirft den Gegner in einem Dreiviertelkreisbogen über den ansetzenden Fuß.

Wichtigstes Erfordernis bei der Ausführung dieses am Knie anzusetzenden Ashi-waza: Ukes Balance muß rechtzeitig und ausreichend vor dem Ansatz des Fußes gebrochen sein.
Toris Fußsohle soll im richtigen Moment einen beabsichtigten Schritt des Gegners **blockieren.** Zutreten im falschen Moment ist nicht nur sinnlos, sondern unfallschwanger!

Fig. 6/7

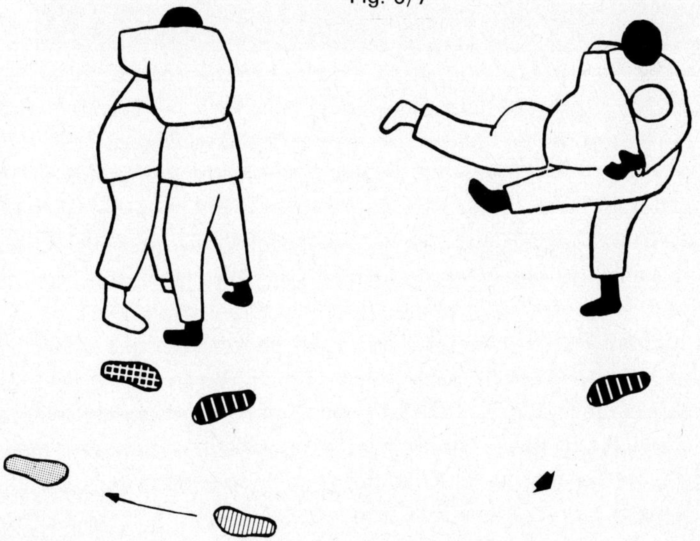

Tori erfaßt den Gegner wie bei De-ashi-barai: Linke Hand an Ukes Ärmel, rechte Hand an Ukes Revers. Eine gute Wurfmöglichkeit bietet sich, wenn Tori einen Schritt mit dem rechten Bein nach vorn seitwärts zum Gegner macht (Fuß mit einwärts gerichteten Zehen aufsetzen) und Uke mit der linken Hand nach rechts schiebt und mit der rechten Hand nach unten drückt (Fig. 6). Uke steht dadurch auf dem linken Fuß, sein Oberkörper ist nach dieser Seite geneigt, sein rechter Fuß ist unbelastet oder befindet sich, wenn der Angriff überraschend erfolgte, in der Luft. Uke versucht sich wieder aufzurichten.

Fig. 8/9

In diesem Moment setzt Tori seine linke Fußsohle (das Bein ist fast gestreckt, die Hüfte kann leicht eingeknickt sein) kurz unter Ukes rechtes Knie und schiebt dabei das Bein des Gegners zurück. (Die Fußsohle wird schnell und locker an das gegnerische Bein geführt. Erst nachdem Kontakt hergestellt ist, wird Kraft in die Bewegung gelegt!) Toris linke Hand (der Ellenbogen bewegt sich horizontal) zieht Uke kräftig vorwärts. Toris rechte Hand, die sich an Ukes linkem Revers befindet, hebt Uke (Tori hält seinen rechten Ellenbogen in Nähe der eigenen rechten Hüfte – der Unterarm zeigt nach oben) und stößt den Gegner in einem Halbkreis nach oben und in Wurfrichtung (Fig. 7). Uke verliert seine Balance. Tori führt den Gegner, besonders mit der rechten Hand, bis zu Ukes „Landung". Dabei verliert Tori zunächst meist ebenfalls seine Balance in Wurfrichtung, stellt aber dann sein Gleichgewicht wieder her, indem er Uke von sich stößt.

Eine weitere gute Möglichkeit zum Wurfansatz bietet sich z. B., wenn Uke beim Vorwärts- oder Rückwärtslaufen (siehe auch Harai-tsuri-komi-ashi) auf seinem linken Fuß steht und das rechte Bein unbelastet und zurückgesetzt ist (Fig. 8).
Manche Meister lehren Hiza-guruma auch nach dem Sasae-tsuri-komi-ashi-Prinzip, d. h. die Fußsohle des Angreifers wird, wenn der Gegner auf dem anzugreifenden Fuß steht, seitlich gegen Ukes Knie gesetzt (Fig. 9).
Zur Abwehr eines Hiza-guruma gilt es, vor allem die eigene Balance z. B. durch eine Körperdrehung zu erhalten. Als Konterwurf zu Hiza-guruma kann Hiza-guruma empfohlen werden (siehe Taschenbücher des Judo Band IX).

Sasae-tsuri-komi-ashi
Hebezugfußhalten
I/3

Ashi-waza: Tori greift mit der Fußsohle ein vorgestelltes mit dem Körpergewicht belastetes Bein des Gegners von außen etwa am Knöchel an und wirft Uke vorwärts-seitwärts.

Beim Laufen verlagert man seinen Schwerpunkt periodisch nach rechts und links. Sasae-tsuri-komi-ashi wird angesetzt, wenn Uke beim Vorwärtslaufen mit seinem rechten Bein einen Schritt gemacht, seinen Schwerpunkt nach rechts vorwärts verlagert hat und im Begriff ist, seinen linken Fuß anzuheben.
Tori erfaßt den Gegner wie bei De-ashi-barai, d. h. mit der linken Hand außen am rechten Ärmel und mit der rechten Hand am linken Revers. Während Uke den Rechtsvorwärtsschritt ausführt, setzt Tori seinen linken Fuß einen halben Schritt zurück (Standbein) und stellt seinen rechten Fuß etwa im rechten Winkel zur Laufrichtung auf die Matte (Zehen zeigen nach links, Fig. 10).
Toris rechter Arm ist im Ellenbogengelenk gebeugt; der Unterarm zeigt nach oben und wird dicht am Körper des Gegners gehalten. Toris Ellenbogen befindet sich nahe der eigenen Hüfte. Mit leicht gebeugten Knien hebt Tori Uke aus der Balance, indem er die Hüfte vorschiebt, sich leicht nach hinten lehnt und Ukes Schwerpunkt in fließender der Schrittbewegung entsprechender Richtung durch kräftigen linken Armzug nach vorn verlagert, bis sich Ukes hinteres Bein in der Luft befindet (Fig. 11). Tori dreht sich, Uke weiterführend,

Fig. 10–13

auf dem rechten Ballen, bis er in Wurfrichtung blickt und verlagert dabei seine leicht nach hinten geneigte Körperhaltung kraftvoll in eine vorwärtsgeneigte.

Tori steht nunmehr auf dem rechten Fuß, die Mitte seiner linken Fußsohle – die nach „Affenart" einwärts gebeugt ist – drückt von außen gegen die Knöchelpartie des Gegners (Fig. 11). Bei dieser Stoppbewegung sollte Toris Bein leicht im Kniegelenk gebeugt sein. In dem Moment, in dem Uke durch die kräftige Handarbeit Toris seine Balance nach vorn seitwärts verliert und nachdem Kontakt zwischen Fußsohle und Knöchel besteht, legt Tori Kraft in seine Fußbewegung und reißt den Fuß des Gegners schräg nach oben (Fig. 14). Es ist ein Gerücht, daß bei einem wirksamen Sasae-tsuri-komi-ashi Ukes Fuß lediglich gehalten werden soll – wegschieben ist besser! Mit der rechten Faust stößt Tori den Gegner – ihn an sich vorbei unter anhaltendem Zug der linken Hand bis zum Boden führend – zur Matte (Fig. 12).

Sasae-tsuri-komi-ashi kann im Kampf auch ausgezeichnet aus einer Drehbewegung oder beim Zugehen auf den Gegner angesetzt werden. Im letzteren Fall schubst man den Gegner kurz und kräftig rückwärts, um ihn zu einer Gegenreaktion zu veranlassen, die häufig prompt, trotz aller Belehrungen über das „Siegen durch Nachgeben", kommt (Fig. 15).

Im Gegensatz zu vielen anderen Würfen ist ein Mißlingen des Sasae-tsuri-komi-ashi häufig nicht auf zu späten, sondern zu frühen und hastigen Ansatz zurückzuführen. Merke: Blinder Eifer schadet nur – der Gegner muß schon fest auf dem rechten Fuß stehen, bevor er den Ansatz bemerken darf, denn wenn Ukes angegriffenes Bein noch nicht mit dem Körpergewicht belastet ist, kann der Gegner ausweichen und eine Balancebrechung unterbinden.

Fig. 14/15

Zur Abwehr des Sasae-tsuri-komi-ashi kann man den angegriffenen rechten Fuß nach außen drehen, etwas in die Kniebeuge gehen und den rechten Arm zurückreißen. Diese Abwehrbewegung darf nur von erfahrenen Kämpfern und mit Vorsicht ausgeführt werden. Der Autor, der sich vornehmlich mit Sasae-tsuri-komi-ashi zwei Deutsche Meisterschaften erkämpfte, weiß aus Erfahrung, wie leicht ein Gegner bei unsachgemäßem und allzu ehrgeizigem Befreiungsversuch auf der Schulterspitze und im Krankenhaus landen kann.

Als einleitende Technik für Sasae-tsuri-komi-ashi, den man praktisch immer dann anwenden kann, wenn der Gegner nicht allzu breitbeinig in Rechtsvorwärtsstellung steht, empfiehlt sich Hidari-de-ashi-barai oder Hidari-sasae-tsuri-komi-ashi oder O-soto-gari.

Uki-goshi
Hüftschwung
I/4

K o s h i - w a z a : Tori dreht sich soweit ein, daß seine rechte Gesäßhälfte Ukes linken Oberschenkel sperrt und schleudert den Gegner zu Boden.

Uki-goshi galt als Lieblingswurf des Begründers des Judo, J. Kano. Seine Anwendung als „Gelegenheitswurf" kann man auch heute noch im Kampf beobachten.

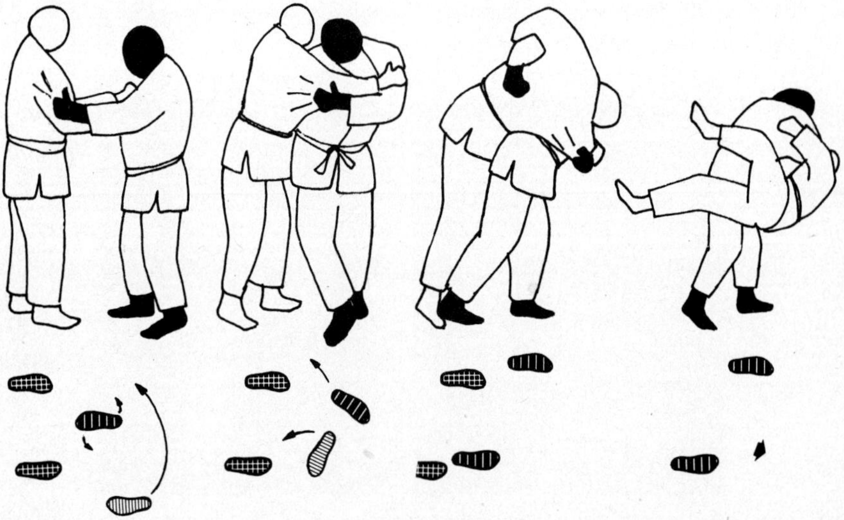

Fig. 16–19

Tori steht vor dem Gegner; die Füße in Schulterbreite (siehe Schrittdiagramm und Fig. 16). Tori erfaßt Uke mit der linken Hand von unten außen am rechten Ärmel und mit der rechten Hand am linken Revers im oberen Drittel. Tori zieht Uke an dessem rechten Arm nach vorn, Toris Ellenbogen bewegt sich dabei etwa parallel zur Matte nach rückwärts. Tori setzt den linken Ballen hinter dem eigenen rechten Standbein herum außen vor Ukes linkem Fuß auf die Matte (Fig. 17). Gleichzeitig wird der Griff der rechten Hand an Ukes Revers gelöst, der rechte Arm unter Ukes linker Achsel hindurch um die Taille des Gegners gelegt und die Hand – ohne die Jacke zu fassen – auf die rechte Rückenhälfte des Gegners gepreßt. Tori steht nun vor Uke

und kehrt dem Gegner die rechte Rückenseite zu (Fig. 18). Toris Oberkörper ist aufrecht. Durch die Handarbeit wurde Kontakt mit dem Körper des Gegners hergestellt. Toris linkes Bein ist im Kniegelenk leicht gebeugt, der rechte Fuß – Zehen wurden in Wurfrichtung gedreht – steht zwischen Ukes Füßen auf der Matte. Toris rechte Gesäßhälfte sperrt Ukes Unterkörper.
Ein fortdauernder starker Zug Toris linker Hand, der Druck der Innenseite seines rechten Unterarms und eine Streckung seines rechten Beins, verbunden mit einer energischen Körperdrehung nach links bewirken, daß der Gegner um Toris rechte Hüfte herum zu Boden geschleudert wird (Fig. 19).
Ein Vorteil des Uki-goshi besteht darin, daß er ein schnelles und unkompliziertes Eindrehen ermöglicht. Der Ansatz von Uki-goshi ist besonders aus einer Drehbewegung günstig, wenn Uke einen Linksvorwärtsschritt macht (Fig. 20/21).

Fig. 20/21

Zur Abwehr des Uki-goshi kann Uke seinen rechten Arm und seine rechte Seite, verbunden mit einer entsprechenden Körperdrehung, zurückreißen oder beim Ansatz mit dem rechten Fuß über Ukes sperrendes Bein treten und daraus eventuell Sumi-gaeshi ansetzen. (Vorsicht! Dieses Ausweichmanöver ermöglicht einen klassischen Harai-goshi.)

O-soto-gari
Große Außensichel
I/5

A s h i - w a z a : Tori führt sein Bein von außen hinter das entsprechende Bein des Gegners, so daß sich die Rückseiten der Beine berühren und wirft Uke nach rückwärts.

Dieser Wurf läßt sich aus der Vorwärts- und Rückwärtsbewegung ansetzen, und auch dann, wenn der Gegner für einen Augenblick (z. B. in Jigo-tai) verharrt. Die Balance des Gegners muß möglichst schnell und entschlossen nach rückwärts oder rechts rückwärts gebrochen werden, weil sonst Kontergefahr (z. B. mit O-soto-gari) besteht.

Tori erfaßt den rechten Ärmel des Gegners mit der linken Hand von unten kurz oberhalb des Ellenbogens. Mit der rechten Hand erfaßt Tori das linke Revers des Gegners im oberen Drittel zwischen Schulter und Gürtel; die Kleinfingerseite dieser Hand liegt an der Brust des Gegners (Fig. 22 und 25).

Fig. 22–24

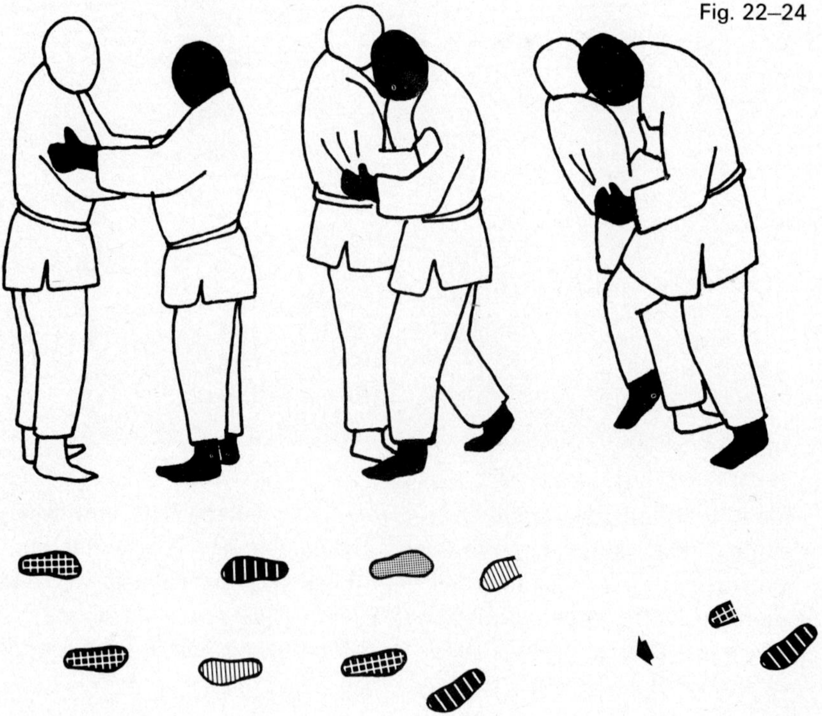

Um den Gegner nach rückwärts aus der Balance zu bringen zieht Tori möglichst kräftig mit dem eigenen linken Arm (Toris Ellenbogen bewegt sich dabei parallel zur Matte nach links außen). Die Elle bleibt dicht an Toris Seite. (Manche Meister empfehlen, Ukes rechten Ellenbogen zu Ukes rechtem Knie zu ziehen.) Gleichzeitig stößt Tori die Elle des rechten Arms gegen die Brust des Gegners – Toris rechte Hand hält dabei weiter das Revers fest. Tori lehnt sich nach vorn und stellt Kontakt mit der Brust und Seite des Gegners her.

Mit dem im Kniegelenk leicht gebeugten linken Bein macht Tori gleichzeitig mit der Handarbeit einen festen Schritt nach vorn, so daß sich sein linker Fuß (Zehen zeigen in Wurfrichtung) außen 10–20 cm neben dem rechten Fuß des Gegners befindet (Fig. 25). Oft kann man dies im Kampf nur schwer erreichen und muß sich damit begnügen, den eigenen Fuß kurz vor dem Fuß des Gegners (Zehen beider Kämpfer etwa in gleicher Höhe) auf die Matte zu stellen (Fig. 23).

Beim Wurfansatz wirft Tori den ganzen Körper nach vorn und bringt den Kopf neben oder über die rechte Schulter des Gegners (Toris Oberkörper ist aufrecht; er darf zunächst nicht im Hüftgelenk einknicken!). Gleichzeitig hebt Tori sein rechtes Knie außen neben dem rechten Bein des Gegners hoch und schlägt seine Wade, indem sich die Rückseiten der Oberschenkel berühren, von oben nach rechts unten gegen die rechte Wade des Gegners (Fig. 24). Es ist auch möglich, den Fuß nur ca. 10 cm über die Matte zu heben und das rechte Bein locker hinter das Bein des Gegners zu schwingen und erst dann Kraft in die sensenartige Bewegung des eigenen Beins zu legen, wenn man Kontakt mit dem Bein des Gegners hat. Bei beiden Methoden kann das sichelnde Bein gestreckt oder leicht gebeugt sein, auf jeden Fall muß es beim Auftreffen im Kniegelenk unbeweglich bleiben und der Einsatz des Beins synchron mit dem Vorneigen des Oberkörpers erfolgen.

Beim Wurf ist darauf zu achten, daß das angegriffene Bein des Gegners von der Matte hochgerissen wird (Fig. 26).

Würde es stehen bleiben und einknicken oder von der Außenseite getroffen, bestünde für Uke Verletzungsgefahr im Kniegelenk.

Wichtigstes Erfordernis beim O-soto-gari: Die eigene rechte Hüfte muß stets hinter die Hüfte des Gegners gebracht werden. – Tori darf seine

Fig. 25–27

Balance nie nach rückwärts verlieren. (Z. B. mit eingeknickter Hüfte lediglich mit dem Oberkörper Kontakt herstellen, reicht nicht!) O-soto-gari ist ein beliebter und gefürchteter Wurf, den zahlreiche bekannte Kämpfer als Spezialtechnik beherrschen und besonders gegen gleichgroße oder an Körpergröße unterlegene Gegner anwenden (z. B. Weltmeister Ruska). Die Landung ist, wenn bis zuletzt Widerstand geleistet wurde, unsanft! Mit Anfängern (die sich gern beim Fall verkrampfen) darf man O-soto-gari zunächst nicht zu schwungvoll üben, weil sie sonst auf dem – eigentlich für einen anderen Zweck bestimmten – Hinterkopf landen könnten.

Im Kampf wird auch eine dem O-soto-gari verwandte Technik angewendet, bei der Tori das angreifende Bein hinter oder neben Ukes belastetes Bein bringt und es fest auf die Matte stellt (also Ukes Bein nicht wegsichelt): O-soto-otoshi (Fig. 27).

Zur Abwehr eines O-soto-gari ist es vor allem erforderlich, durch aufrechte Haltung, Zurückziehen des bedrohten Beins, Zurückreißen des rechten Arms oder Vorstoßen des linken die eigene Balance zu wahren. Unter Umständen gelingt dann nach halbkreisförmigem Zurückziehen des linken Beins Konterwurf O-soto-gari oder O-soto-otoshi (siehe Taschenbücher des Judo, Band IX).

Ein mit O-soto-gari begonnener Angriff kann mit Tai-otoshi, Tomoe-nage oder Sasae-tsuri-komi-ashi vollendet werden, wenn der Gegner sich, um eine Balancebrechung zu verhindern, nach vorn wirft.

O-goshi
Großer Hüftwurf

I/6

Koshi-waza: Tori dreht sich soweit ein, daß er mit seiner rechten Gesäßhälfte Uke am rechten Oberschenkel ausheben und werfen kann.

O-goshi, der Stammvater aller Hüftwürfe, findet sich in den meisten Ringkampfkünsten, wie z. B. dem isländischen Glimakampf, dem mittelalterlichen Freiringen, beim griechisch-römischen Stil oder dem russischen Sambo.
Tori erfaßt Ukes Jackenärmel mit der linken Hand am rechten Ellenbogen von unten außen und mit der rechten Hand am linken Revers. O-goshi wird angesetzt, wenn Uke einen Rechtsvorwärtsschritt macht oder die Füße parallel auf die Matte gestellt hat (Fig. 28). Oft ist es dabei zweckmäßig, Uke vor dem Ansatz etwas zurückzudrängen und sich einzudrehen, wenn der Gegner als (dumme!) Reaktion darauf nach vorwärts schiebt.

Fig. 28–31

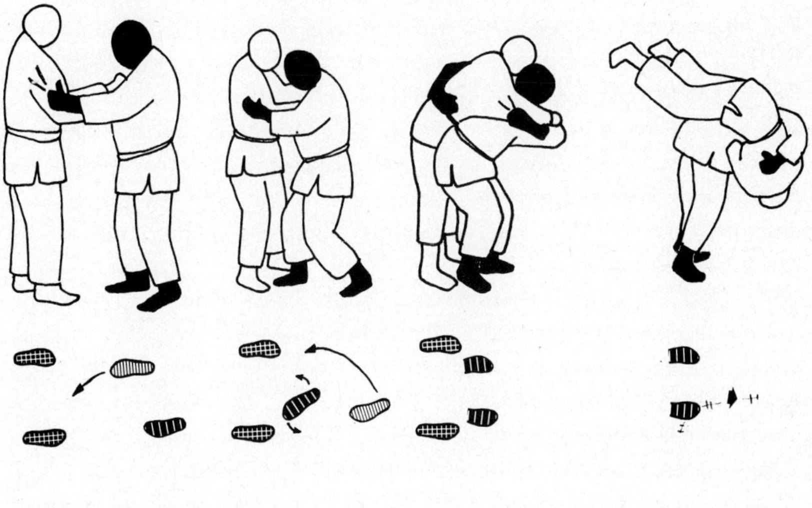

Fig. 32–34

Zu Beginn der Eindrehbewegung geht Tori leicht in die Kniebeuge und setzt den rechten Ballen innen ca. eine Fußlänge vor dem rechten Fuß des Gegners auf die Matte (Fig. 29). Unmittelbar anschließend zieht Tori den linken Fuß (dicht über der Matte) hinter dem Standbein herum, wobei er sich auf dem rechten Ballen dreht, und setzt diesen Fuß innen vor Ukes linkem Fuß auf die Matte. Toris Füße stehen parallel zu Ukes Füßen. Toris Körpergewicht ruht auf beiden Ballen (Fig. 30). Die Fersen können zwar die Matte berühren, dürfen aber nicht belastet sein, weil Tori sonst gegen einen Balanceverlust nach rückwärts anfällig wird. Beim Üben ist es zweckmäßig, sich etwas tiefer als normal einzudrehen, weil man dann unter den Behinderungen des Kampfes nicht in Versuchung kommt, überhaupt nicht mehr in die Kniebeuge zu gehen.

Toris Oberkörper ist aufrecht und leicht in Wurfrichtung geneigt. Vor, während und nach der Eindrehbewegung zieht Tori Uke mit der linken Hand vorwärts und nach oben – sein Ellenbogen bewegt sich dabei etwa parallel zur Matte nach rückwärts. Der Griff der rechten Hand an Ukes Revers wird gleichzeitig mit der Bewegung des linken Fußes gelöst und der Arm unter Ukes linker Achsel hindurch um Ukes Taille geschlungen und die Hand gegen Ukes Rücken gepreßt. Der Unterarm zeigt in Richtung von Ukes rechter Schulter. Es ist

besonders wichtig, daß der Kontakt zwischen Toris Rücken und Ukes Brust bis zu dem Zeitpunkt, an dem sich Uke in der Luft befindet, nicht abreißt (Fig. 32).
Tori blickt in Wurfrichtung. Seine Knie sind immer noch gebeugt und zeigen entweder nach außen oder nach Skifahrerart zueinander (X-Beine sind hier durchaus von Vorteil!)
Zur Vollendung des O-goshi stößt Tori, indem er die Knie streckt, mit der Außenseite seiner rechten Gesäßhälfte etwa gegen die Mitte von Ukes rechter Oberschenkelinnenseite. Das Gesäß wird, den Gegner anhebend, nach oben „geschraubt", während sich Toris Oberkörper in gleicher Geschwindigkeit – den Gegner mitnehmend – abwärts bewegt, bis sich Toris Kopf (Tori blickt nach links) etwa in Höhe seines linken Knies befindet. Uke fällt unter anhaltendem starken Zug von Toris linkem Arm und Schub von Toris rechtem Unterarm über Toris Hüfte in einem Dreiviertelkreisbogen zu Boden (Fig. 31). Während Uke fällt, ergreift Toris rechte Hand – das sollte bei allen Hüftwürfen und verwandten Techniken geschehen – Ukes rechten Ärmel und zieht damit den Gegner etwas nach oben, um ihm das Fallen zu erleichtern (Fig. 34).
Beim Kampf gegen an Körpergröße unterlegene Gegner ist es oft zweckmäßig, den rechten Arm um den Nacken des Gegners zu schlingen; Toris rechter Unterarm ist dann abwärts gerichtet (Fig. 33).
O-goshi läßt sich mit den verschiedensten anderen Techniken, besonders mit anderen Hüftwürfen, mit O-uchi-gari oder Tani-otoshi kombinieren. Eine klassische Bodenkampf-Fortsetzung stellt Juji-gatame dar.
Zur Abwehr gegen O-goshi sollte man tief in die Kniebeuge gehen und/oder außen um die ansetzende rechte Hüfte des Gegners ausweichen. Bewährte Kontertechniken sind Utsuri-goshi, Ushiro-goshi, Ura-nage und Yoko-guruma oder – im Moment des Eindrehens – Tani-otoshi.

O-uchi-gari
Große Innensichel

I/7

Ashi-waza: Tori führt die Rückseite seines Beins von innen gegen das andere Bein des Gegners und wirft Uke nach rückwärts.

Dieser Wurf wird angesetzt, wenn Uke breitbeinig steht oder läuft und seine Balance nach hinten verlagert. Ein Wurfansatz ist besonders vorteilhaft, wenn Uke vorwärts läuft oder verharrt und dabei seinen linken Fuß vorstellt und mit dem Körpergewicht belastet. Tori bricht Ukes Balance nach rückwärts.

Fig. 35–38

Tori erfaßt den Gegner wie bei De-ashi-barai. Tori beugt beide Knie leicht, setzt den rechten Fuß vor den Füßen des Gegners auf die Matte und zieht den linken Fuß hinter dem rechten vorbei (die Zehen beider Füße zeigen nach links), bis er kurz vor Ukes linkem Fuß steht (Fig. 35/36). Dabei lehnt Tori sich in Wurfrichtung, stellt das Körpergewicht auf den linken Ballen und fegt kräftig mit der Rückseite des rechten Beins gegen die Innenseite von Ukes linkem Bein. Durch diese halbkreisförmige Fegebewegung wird Ukes Bein nach außen geschoben, d. h. Ukes breitbeinige Schrittstellung vergrößert bzw. erschüttert (Fig. 37 und 39). Toris rechte Ferse zeigt bei dieser Bewegung in Fegerichtung, seine Fußaußenkante schleift auf der Matte (Knie nicht anwinkeln!). Tori reißt seine Hüfte – der halbkreisförmigen Beinbewegung folgend – nach außen, so daß sein Unterkörper kräftig gegen den Gegner stößt. Mit der rechten Hand (die Elle drückt gegen Ukes Brust, der Ellenbogen zeigt abwärts, der Arm wird nach unten gezogen) drückt Tori die linke Schulter des Gegners während der ganzen Wurfbewegung energisch nach rechts unten. Mit der linken Hand zieht Tori den Gegner an sich heran, so daß er mit seiner Brust dem Gegner nach Möglichkeit zugewandt steht (sonst besteht Fußwurfkontergefahr!) und Kontakt mit Ukes Brust und Hüfte hat. Tori lehnt den ganzen Körper (auf keinen Fall nur den Oberkörper) in Wurfrichtung, und darf bei der Wurfausführung nicht „auftauchen".

Tori kann dabei seine rechte Gesichtshälfte gegen die Außenseite von Ukes rechter Schulter bzw. Oberarm legen.

Der Stoß von Toris Hüfte gegen Ukes Unterkörper verleiht dem Wurf die volle Wirksamkeit. Tori schiebt den Gegner zur Wurfvollendung nach rückwärts oder nach rechts rückwärts (Fig. 38 und 40).

Bei O-uchi-gari ist es besonders wichtig, daß die Einzelbewegungen der Arme und Beine des Angreifers in der zeitlich richtigen Reihenfolge und Intensität erfolgen.

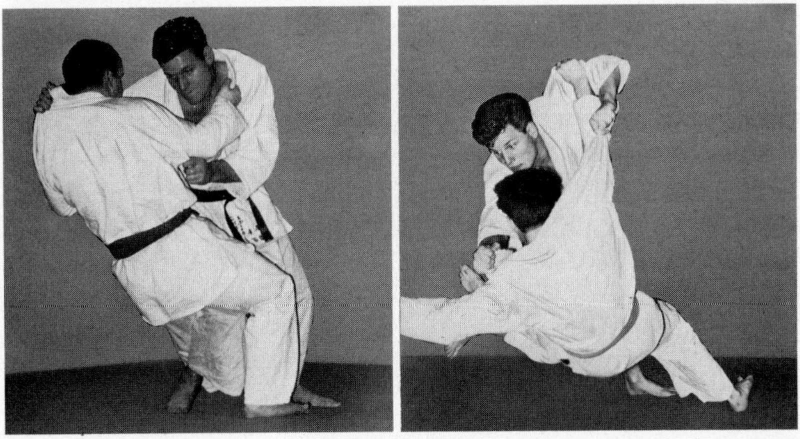

Fig. 39/40

T. Hirano erläuterte O-uchi-gari wie folgt: Zwei Prinzipien 1) Wenn zwei Beine da, ein Bein abhauen – kippelt. 2) Lokomotive!

Oft wird auch gelehrt, den Gegner bei der O-uchi-gari-Ausführung an beiden Revers im oberen Drittel zu erfassen. Diese Methode hat den

Vorteil, daß man den Wurf beidseitig ohne umzufassen ausführen kann.
Häufig fällt man beim O-uchi-gari beabsichtigt oder unbeabsichtigt mit zu Boden. Dabei soll man kurz neben Uke auf die eigene rechte Seite fallen und falls man keine Dame zum Gegner hat, Vorsicht walten lassen!
O-uchi-gari ist gut gegen an Körpergröße überlegene Gegner anwendbar und wird gerne als Einleitung für Kombinationen, z. B. Koshi-waza, Uchi-mata, Tai-otoshi oder Ko-uchi-gari benutzt oder dazu, die Verteidigungsstellung des Gegners zu erschüttern. Zur Abwehr des O-uchi-gari empfiehlt es sich, prophylaktisch keine allzu breitbeinige Stellung einzunehmen und vor allem im Verlauf des Kampfgeschehens keinen Fuß allzu weit vorzusetzen. Beim Ansatz eines O-uchi-gari besteht Kontergefahr durch Sasae-tsuri-komi-ashi oder Okuri-ashi-barai.

Seoi-nage Schulterwurf

Te-waza: Tori dreht sich ein, hebt den Gegner mit der Schulterpartie aus und wirft ihn vorwärts.

I/8

Seoi-nage ist ein Sammelname für mehrere ähnliche Schulterwürfe, die eine Balancebrechung nach vorn oder vorwärts seitwärts voraussetzen. Im folgenden wird zunächst der Ippon-seoi-nage beschrieben: Tori steht vor Uke. Die Eindrehbewegung erfolgt wie bei den Hüftwürfen. Tori erfaßt Uke mit der linken Hand am rechten Ärmel und mit der rechten Hand am linken Revers (Fig. 41). Es ist günstig, Ippon-seoi-nage anzusetzen, wenn Uke einen Rechtsvorwärtsschritt macht und Toris linkes Revers nicht zu tief erfaßt hat. Tori zieht Uke – leicht in die Kniebeuge gehend – mit dem linken Arm in Laufrichtung vorwärts und setzt gleichzeitig den rechten Ballen innen neben Ukes rechtes Standbein (Fig. 42). (Manche Meister empfehlen auch, den Ballen außen neben Ukes Fuß zu setzen.) Tori löst beim Eindrehen – mit der linken Hand konstant kräftig ziehend – den Griff der rechten Hand und stößt den Unterarm – den Handrücken an Ukes Körper vorbeiführend – unter Ukes rechter Achsel hindurch, so daß sich Toris Oberarm dicht an der Schulterspitze unter Ukes Achsel befindet (Fig. 42). Tori ballt die Hand zur Faust und dreht sich – Oberkörper aufrecht, den ganzen Körper leicht in Wurfrichtung gelehnt – auf dem

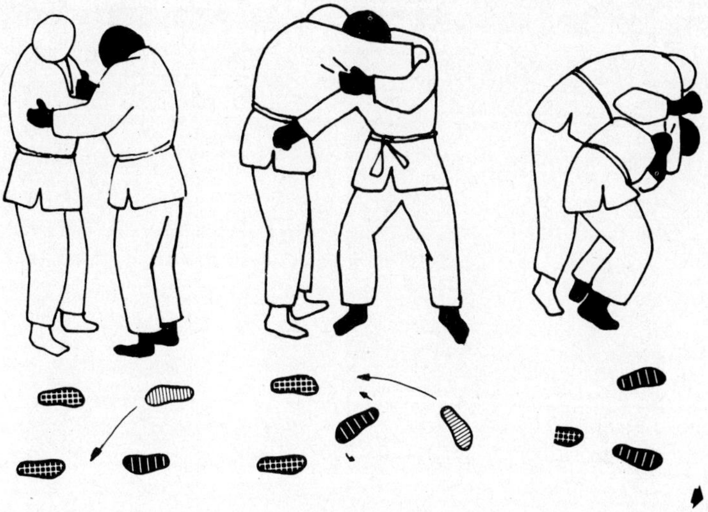

Fig. 41–43

rechten Ballen ein (Fig. 44). Dabei zieht Tori den linken Fuß zurück (Zehen zeigen in Wurfrichtung) und steht direkt unter Ukes Schwerpunkt. Der Gegner beginnt seine Balance nach vorn zu verlieren und steht auf Zehenspitzen. Tori blickt zum eigenen linken Fuß (Kinn auf die Brust), streckt die Knie, beugt den Gegner und hebt ihn mit einem Stoß seines Oberarms unter Ukes Achsel aus (Fig. 43). Tori vollendet den Wurf, indem er Uke in einer Drehbewegung (die rechte Schulter wird tiefer als die linke gehalten) seitlich ablädt und vor sich auf die Matte wirft (Fig. 45). Ein Ziehen an Ukes rechtem Arm erleichtert dem Gegner das Fallen.

Beim Kampf gegen an Körpergröße unterlegene Gegner ist es auch möglich, Uke mit der Ellenbogenbeuge auszuheben. Es ist auch nicht unbedingt erforderlich, daß Ukes rechtes Bein vorsteht; ein Wurfansatz ist auch aus einem Rechts-Rückwärtsschritt möglich.

Eine andere Form des Schulterwurfs, der Morote-seoi-nage, wird mit beiden Händen ausgeführt, indem Tori Ukes linkes Revers tiefer als üblich faßt. Der Griff am Revers wird beim Eindrehen nicht gelöst. Tori schiebt unter starkem Vorwärtszug des linken Arms etwa die Mitte der rechten Elle unter Ukes rechte Achsel (Fig. 46). Der Gegner wird ausgehoben und geworfen.

Fig. 44–47

Eine weitere Abart des Wurfs besteht darin, den Gegner mit der rechten Hand an seinem rechten Revers zu erfassen, die Elle unter seine rechte Achsel zu schieben und ihn nach Wolgaschiffer-Art über die Schulter ziehend zu Boden zu werfen: Eri-seoi-nage.

Bei einer anderen Variante des Schulterwurfs kniet Tori mit dem rechten Knie innen oder außen neben Ukes rechtem Fuß nieder: Seoi-otoshi. Diese Form ist günstig, wenn der Gegner einen Schulterwurfansatz

durch Zurücksetzen seines rechten Beins unwirksam zu machen sucht (Fig. 47).
Seoi-nage ist ein typischer Wurf für kleine kompakte Kerlchen. Japanische Leichtgewichtler schmettern scheinbar mühelos, mit dem Gesäß fast den Boden berührend, 1,80-m-Männer über sich. Seoi-nage-Spezialisten leiden besonders dann, wenn sie ein Zuwenig an Technik durch ein Zuviel an Kraft ersetzen unter der „Berufskrankheit" Bandscheibenschaden.
Eine beliebte Einleitung für Seoi-nage ist ein Ko-uchi-gari-Ansatz. Zur Abwehr des Seoi-nage ist es besonders wichtig, mit der rechten Hand wesentlich tiefer als üblich Ukes Revers zu erfassen. Als Konterwurf gegen Seoi-nage kann vor allem Ko-soto-gari empfohlen werden.

Ko-soto-gari
Kleine Außensichel
II/1

Ashi-waza: Tori fegt mit der Fußsohle das andere nicht voll mit dem Körpergewicht belastete Bein des Gegners von außen an der Ferse ansetzend – in Ukes Zehenrichtung und wirft nach rückwärts.

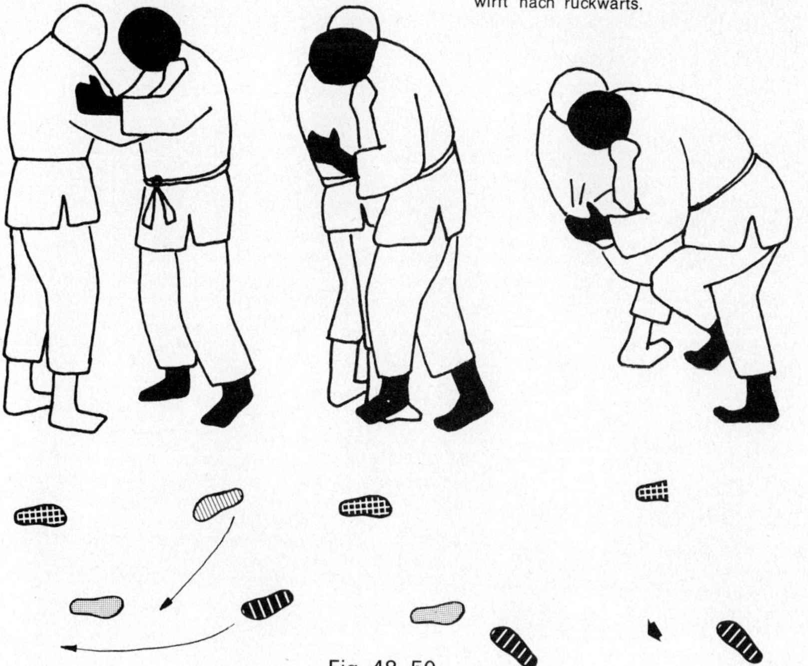

Fig. 48–50

Ko-soto-gari, verwandt mit De-ashi-barai und Ko-soto-gake, läßt sich gut ansetzen, wenn der Gegner rückwärts läuft und auf dem linken Bein stehend seinen rechten Fuß zurückziehen will. Günstig ist auch eine Kreisbewegung, z. B. nachdem Uke sich zu Koshi-waza eingedreht hat und sich (unvorsichtig!) wieder zurückdrehen will, weil er Tori nicht aus der Balance bringen konnte.

Tori setzt seinen rechten Fuß außen neben Ukes rechten, vorstehenden Fuß, so daß seine Zehen in Richtung von Ukes linker Ferse zeigen (Fig. 48). Mit der linken Hand faßt Tori Ukes Ärmel von unten außen etwa handbreit unterhalb der Schulter und zieht Ukes Ellenbogen in Richtung von Ukes Kniekehle (Fig. 49).

Toris rechte Hand erfaßt Ukes linkes Revers und schiebt den Gegner, die Elle gegen Ukes Brust drückend, nach rückwärts oder links rückwärts. Toris rechter Unterarm darf beim Wurfansatz nicht hinter der eigenen rechten Schulter zurückbleiben, sondern soll – Ellenbogen in Hüftnähe – stets vor dem Körper gehalten werden. Tori steht aufrecht, seine rechte Brustseite berührt Ukes rechte Körperseite. Mit der linken Fußsohle fegt Tori von außen, am eigenen Standbein vorbei, gegen Ukes rechte Achillessehne, so daß Ukes Fuß in Zehenrichtung nach

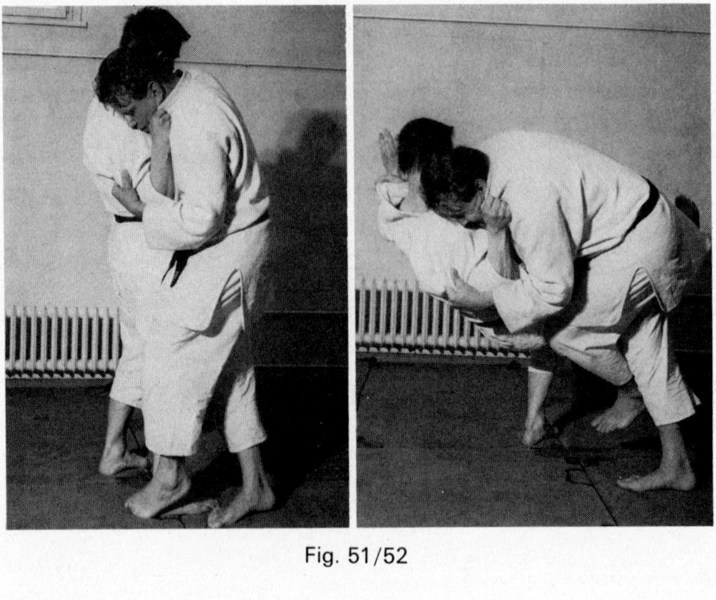

Fig. 51/52

vorn über die Matte rutscht und wirft den Gegner nach hinten (Fig. 50–52).

Der angegriffene Fuß des Gegners sollte nicht voll mit dem Körpergewicht belastet sein (siehe Ko-soto-gake).

Im Kampf wird für Ko-soto-gari auch eine andere Faßart angewendet: Tori erfaßt Ukes Jacke am Oberarm von innen und zieht zuerst nach oben außen und dann im Kreisbogen nach unten.

Ko-soto-gari wird im Kampf gern angewendet, um eine feste Stellung des Gegners so weit zu erschüttern, daß ein anderer Wurfansatz möglich wird. Dabei empfiehlt es sich, den sich nach hinten lehnenden Gegner nach unten zu ziehen.

Zur Vermeidung eines Ko-soto-gari sollte man vorbeugend seinen Fuß bei zurückgelehntem Körper nie zu weit vorsetzen.

Ko-uchi-gari
Kleine Innensichel

II/2

Ashi-waza: Tori fegt mit der Fußsohle von innen gegen das entsprechende Bein des Gegners und wirft Uke nach rückwärts.

Dieser Wurf wird angesetzt, wenn Uke breitbeinig steht oder läuft und sein Körpergewicht auf beide Füße verteilt hat. Der Gegner muß zumindest zum Teil auf dem angegriffenen Fuß stehen. Ist das nicht der Fall, vermag er den angegriffenen Fuß häufig ohne weiteres anzuheben und zu entkommen.

Fig. 53–55

Eine günstige Ansatzmöglichkeit bietet sich, wenn Uke beim Laufen sein rechtes Bein vorgesetzt hat und im Begriff ist, sein linkes Bein im Zuge der Schrittbewegung anzuheben, d. h. sein Körpergewicht auf den rechten Fuß zu stellen (Fig. 53). Tori setzt mit leicht gebeugten Knien den rechten Fuß innen neben Ukes rechten. Den linken Fuß zieht Tori hinter dem rechten Bein herum, setzt den Ballen auf (Zehen zeigen nach links) und stellt das Körpergewicht,eine Vierteldrehung ausführend,auf diesen Fuß (Fig. 54). Fast gleichzeitig fegt Tori nun mit der rechten Fußsohle Ukes rechtes Bein von innen – an der Ferse ansetzend – vorwärts: Ukes Fuß gleitet (als würde er auf einer ausländischen Bananenschale ausrutschen!) über die Matte. Der Gegner verliert seine Balance nach rückwärts (Fig. 55). Bei der Ausführung des Wurfs ist es notwendig, dem Gegner zugewandt mit der eigenen rechten Körperseite Kontakt mit Ukes Hüfte und Brust zu erzielen und sich kräftig mit dem ganzen Körper in Wurfrichtung zu legen. Alleiniges Abbeugen des Oberkörpers hindert die Kontaktaufnahme.
Tori zieht Uke mit der linken Hand an sich heran. Die rechte Elle drückt Tori gegen Ukes Brust und schiebt den Gegner, mit der rechten Hand nach unten ziehend und evtl. die rechte Schläfe gegen Ukes rechten Oberarm legend, nach links rückwärts. Bei Anfängern sollte man durch Anziehen der linken Hand kurz vor dem Fallen die Landung erleichtern.
Oft fällt man bei diesem Wurf mit dem Gegner zusammen zu Boden, dabei ist es ratsam, auf die eigene rechte Seite zum Teil neben den Gegner zu rollen, um ihn nicht zu verletzen. Besonders ist darauf zu achten, daß man nicht mit dem Knie dorthin fällt, wo Uke es gar nicht so gerne hat.
Ko-uchi-gari ist besonders geeignet, Gegner, die fest in Verteidigungsstellung stehen, anzugreifen. Gelingt es mit Ko-uchi-gari auch oft nicht, den Gegner so zu werfen, daß „Ippon" gegeben wird, so können doch häufig mit Ko-uchi-gari Vorteile gesammelt werden, zumindest aber Ukes Stellung erschüttert werden. Ko-uchi-gari stellt häufig eine günstige Einleitung für eine Kombination, z. B. mit Seoi-nage oder O-uchi-gari dar und wird gerne gegen an Körpergröße überlegene Gegner angesetzt. Umgekehrt läßt sich ein vorgetäuschter Seoi-nage prächtig als Einleitung für Ko-uchi-gari oder Ko-uchi-maki-komi (Fig. 58) verwenden.

Fig. 56–58

In tiefer Verteidigungsstellung stehende Gegner kann man mit Ko-uchi-maki-komi werfen: Tori dreht sich wie zu Ko-uchi-gari ein, läßt dabei mit der rechten Hand Ukes Jacke los, umschlingt Ukes linken Oberschenkel von außen und faßt das Hosenbein. Tori wirft sich, Ukes rechten Fuß angreifend und den Gegner mitnehmend, in Wurfrichtung und rollt (vorsichtig!) über Ukes Körper zu Boden.
Eine wirksame Verteidigung gegen Ko-uchi-gari ist ein Anheben und Wegziehen des Fußes. Bei guter Bewahrung der eigenen Balance gelingt Konterwurf Hiza-guruma manchmal auch Konterwurf Tomoe-nage.
Ko-uchi-gari, von Altmeister Courtine oder G. Egger überzeugend demonstriert, gilt als ein typischer Wurf des „gentle Judo style".

Koshi-guruma
Hüftrad
II/3

Koshi-waza: Tori dreht sich soweit ein, daß seine linke Gesäßhälfte Ukes rechten Oberschenkel sperrt und er Uke über die eigene Hüfte werfen kann.

Dieser Wurf ist dazu geeignet, gleichgroße oder an Körpergröße unterlegene Gegner zu werfen, wenn sie z. B. O-goshi-Ansätzen durch Herumtreten um Toris rechte Seite nach rechts ausweichen oder sich in tiefer Kampfhaltung bewegen.

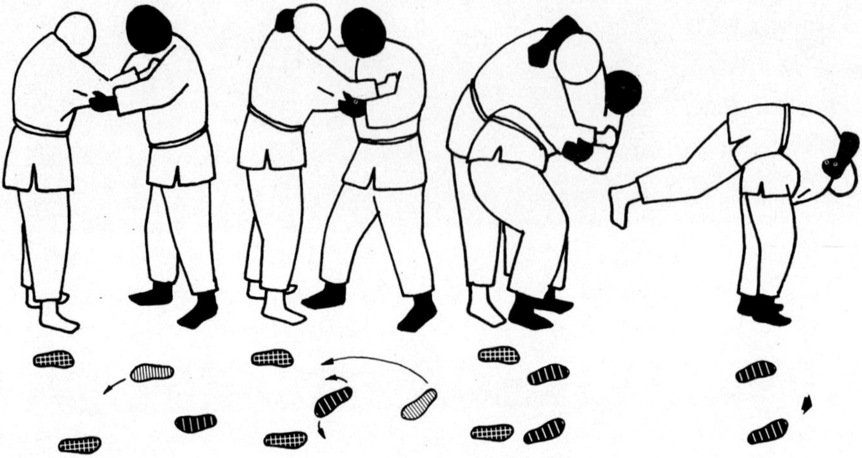

Fig. 59–62

Tori steht vor Uke, erfaßt Ukes rechten Jackenärmel mit der linken Hand und zieht den Gegner vorwärts und nach oben. Zum Wurfeingang, der wie bei O-goshi erfolgt, befindet sich Tori in tiefer Kniebeuge und setzt die rechte Fußsohle (meist außen) vor Ukes rechten Fuß. Tori legt den rechten Arm um Ukes Hals, preßt die Handfläche gegen

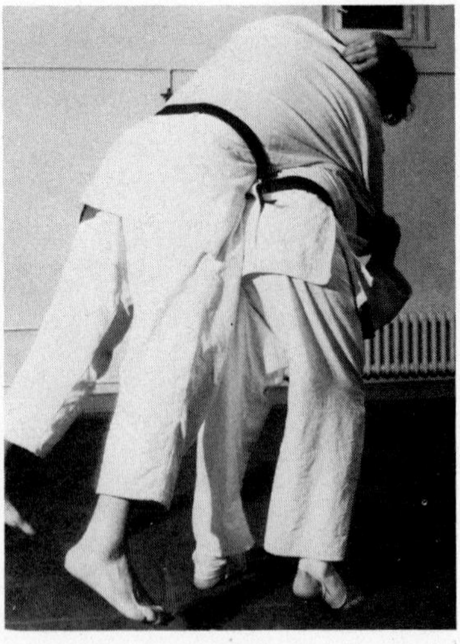

Fig. 63

Ukes rechte Schulterpartie und drückt den Bizeps gegen Ukes linke Halsseite; diese Faßart wird Kubi-nage genannt. Tori dreht sich unter starkem Zug der linken Hand so weit ein, daß sich Ukes rechter Oberschenkel an Toris linker Hüftseite befindet und zieht die linke Fußsohle nach. Toris Oberkörper ist nach links abgebeugt, sein Gesäß wird nach rechts außen gestreckt, er blickt nach links. Unter stetem Zug der linken Hand und Druck des rechten Oberarms streckt Tori die Knie und wälzt dabei den Gegner in hohem Bogen (guruma, jap.: = Rad) über die Beckenpartie (Fig. 59–62). Bei Koshi-guruma kann Tori seinen rechten Fuß auch innen neben Ukes rechten Fuß stellen.

Zur Abwehr von Koshi-guruma muß Uke verhindern, daß Tori den Arm um sein Genick schlingt oder seine Balance nach vorn bricht.

Tsuri-komi-goshi
Hebehüftwurf
II/4

Koshi-waza: Tori dreht sich in tiefer Kniebeuge stehend ein und wirft den Gegner vorwärts, indem er ihn nach oben stemmt.

Fig. 64–67

Dieser Wurf ist, vorausgesetzt, daß man sicher genug in tiefer Kniebeuge stehen kann, geeignet, an Körpergröße überlegene Gegner zu werfen. Versucht Uke Hüftwurfansätze durch Abblocken mit gestrecktem Körper unwirksam zu machen, ermöglicht Tsuri-komi-goshi häufig den Gegner dennoch auszuheben und zu werfen.
Tori erfaßt mit der linken Hand Ukes rechten Ärmel wie bei O-goshi. Mit der rechten Hand ergreift er Ukes Jacke am Revers in Kragennähe. Es ist günstig, den Wurf anzusetzen, wenn Uke einen Rechtsvorwärtsschritt ausführt (Fig. 64).
Das Eindrehen erfolgt ähnlich wie bei O-goshi, Tori steht jedoch wesentlich tiefer, so daß sich sein Gesäß etwa in Höhe von Ukes Knien befindet. Obgleich es bei diesem Wurf angebracht ist, so tief wie möglich zu stehen, darf Tori nur so weit in die Kniebeuge gehen, wie es der eigene feste Stand (entsprechend der vorangegangenen Trainingsintensität) in dieser Position gestattet.
Zur Wurfausführung zieht Tori Uke mit dem linken Arm vorwärts und nach oben. Mit der rechten Hand, die sich an Ukes Revers befindet, hebt Tori den Gegner möglichst kräftig hoch (Fig. 65/66). Toris rechter Ellenbogen schiebt sich dabei unter Ukes Achsel. Manche Meister meinen, daß die rechte nach oben stemmende Hand weniger zum Ausheben dient, als dazu, zu verhindern, daß Uke den Wurfansatz

Fig. 68/69

durch In-Die-Kniebeuge-Gehen unwirksam macht. Toris Oberkörper steht aufrecht. Toris Gesäß stößt zwischen Knie und Oberschenkelansatz gegen Ukes rechtes Bein. Zur Vollendung des Wurfes drückt sich Tori aus der Kniebeuge hoch, wirft Uke – ihn stetig hebend und mit der linken Hand vorwärts ziehend – über die eigene Hüfte und dreht sich nach vorn links (Fig. 67/68).
Bei einer im Kampf angewendeten Variation ergreift Tori Ukes Ärmel am linken Ellenbogen von unten, so daß sich seine Finger außen befinden: Sode-tsuri-komi-goshi (Fig. 69).
Tsuri-komi-goshi ist ein wirksamer Kampfwurf, dem man meist nur durch Zurückreißen des rechten Arms oder Vorstoßen des linken Arms und In-Die-Kniebeuge-Gehen entgehen kann. Ich erinnere mich gut, bei einem Training mit der japanischen Nationalmannschaft von den dabei fast knienden Leichtgewichtlern kräftig mit Tsuri-komi-goshi gefeuert worden zu sein!

Okuri-ashi-barai
Fußnachfegen
II/5

Ashi-waza: Tori fegt ein nicht voll mit dem Körpergewicht belastetes Bein des Gegners – von außen etwa am Knöchel ansetzend – zum Standbein des Gegners; Uke fällt seitwärts.

Okuri-ashi-barai, sozusagen eine Spezialform des De-ashi-barai, ist ein schneller und eleganter Kampfwurf. Der deutsche Meister Schill beherrschte diesen Wurf in Perfektion und erkämpfte sich damit in eindrucksvoller Weise seinen Titel.
Tori erfaßt Ukes Jacke in De-ashi-barai-Manier (Fig. 70) oder mit beiden Händen unter den Achseln, wobei Ukes Jackenärmel miterfaßt werden, damit der Gegner sich beim Fall nicht abstützen kann. Toris Daumen legen sich dabei um Ukes Revers. Die Fäuste werden so gedreht, daß Toris Handteller zum eigenen Körper zeigen. Tori führt mit dem rechten Fuß einen Schritt seitwärts oder vorwärts aus (Ferse nach außen drehen) und zwingt Uke durch starken Druck beider Arme in diese Richtung und Zug der rechten Faust nach unten, mit dem linken Fuß einen Schritt nach links oder rückwärts zu machen und sein Körpergewicht auf diesen Fuß zu stellen (Fig. 71).
Uke versucht, die ihm aufgezwungene Stellung zu ändern, sich wieder aufzurichten, seinen rechten Fuß nachzuziehen und sein Körper-

Fig. 70–72

gewicht wieder auf beide Beine zu verteilen. In diesem Moment oder wenn Uke im Verlauf des Kampfgeschehens eine entsprechende Bewegung macht (Okuri-ashi-barai kann im Kampf auch aus einer Drehbewegung, einer Gleichgewichtsverlagerung von einem Fuß auf den anderen oder ähnlich wie bei Nage-no-Kata bei einem Seitwärtsschritt ausgeführt werden), setzt Tori seine Fußsohle außen gegen Ukes rechten Knöchel. Dabei darf der angegriffene Fuß nicht voll mit dem Körpergewicht belastet sein. Okuri-ashi-barai erfordert ein Gefühl für den richtigen Moment des Wurfansatzes.

Tori hebt den Gegner mit beiden Armen gleichzeitig mit aller Kraft an. Dabei bringt Tori seine Ellenbogen in Nähe der eigenen Hüften, hält die Knie leicht gebeugt, den Oberkörper aufrecht und die linke Körperseite gestreckt. Gleichzeitig schiebt Tori Ukes rechtes Bein, der begonnenen Schrittbewegung des Gegners folgend, gegen Ukes linkes Bein, bis sich Ukes Knöchel berühren. Tori fegt mit dem ganzen Körper ohne Unterbrechung Ukes geschlossene Beine weiter nach rechts oben und reißt Ukes Oberkörper nach links (Fig. 72). Uke liegt für einen Moment etwa waagerecht in der Luft (Vorsicht! Gegner, nicht

Fig. 73/74

einatmen!) und fällt dann (Tori zieht kräftig an Ukes rechtem Arm) mit Schwung auf die Seite. Tori kann einem ungeübten Partner durch Hochziehen mit dem linken Arm den Fall erleichtern.
Entkommt der Gegner unseren Okuri-ashi-barai-Ansätzen durch Ausweichen oder eine Gleichgewichtsverlagerung entgegen der Fußfegerichtung, kann man ihn nach einem weiteren vorgetäuschten Ansatz häufig prächtig mit Hidari-harai-goshi oder Hidari-tai-otoshi werfen.
Zur Abwehr eines Okuri-ashi-barai kann man, sofern man den Ansatz rechtzeitig erkennt, sein Körpergewicht voll auf den angegriffenen Fuß stellen und in die Knie gehen oder den angegriffenen Fuß zurückziehen.

Tai-otoshi Körperwurf

II/6

Te-waza: Tori setzt seinen Fuß außen neben dem entsprechenden Fuß des Gegners so auf die Matte, daß die Rückseite des Beins die Beine des Gegners blockiert und wirft den am Vortreten gehinderten Gegner darüber.

Tai-otoshi ist ein beliebter Kampfwurf, der eine besonders zwingende Balancebrechung zuläßt. Das Tai-otoshi-Training sollte ebenso wie das Training anderer Würfe mit einer zweckmäßigen Kraftgymnastik verbunden werden. Tai-otoshi wird mit Körperwurf übersetzt. Es besteht **kein** Zusammenhang mit der (fälschlich!) ebenso bezeichneten Wurfgruppe der Sutemi-waza.

Fig. 75–77

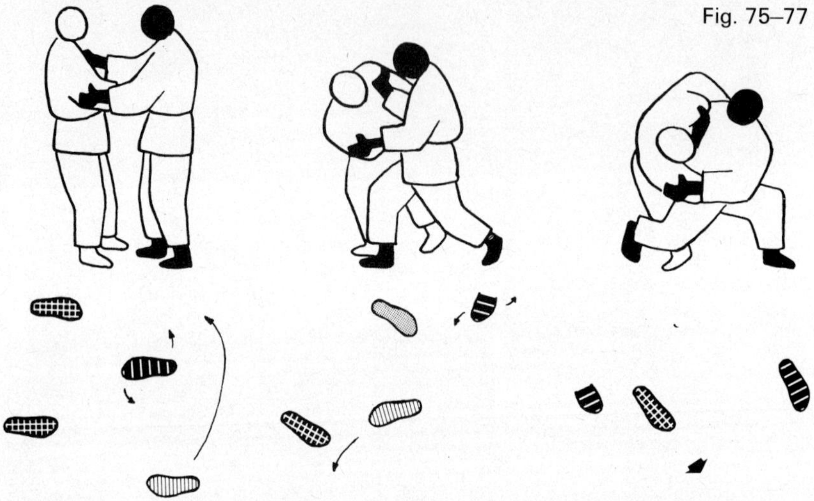

Beide Kämpfer stehen in Grundstellung. Die Füße befinden sich in schulterbreitem Abstand auf der Matte. Tori steht ca. eine halbe Schulterbreite nach links versetzt vor Uke, d. h. Toris rechter Fuß steht in der Mitte vor Ukes Füßen. Toris linke Hand erfaßt den rechten Ärmel des Gegners von außen am Ellenbogen. Toris rechte Hand befindet sich an Ukes linkem Revers im oberen Drittel (Fig. 75).

Tori zieht Uke mit der linken Hand nach vorn – Toris Ellenbogen bewegt sich dabei im Halbkreis etwa parallel zur Matte nach rückwärts. Tori setzt gleichzeitig seinen linken Fußballen hinter dem eigenen rechten im Kniegelenk gebeugten Standbein vorbei, außen vor Ukes linken Fuß (Fig. 76). Tori verlagert dabei, ohne die Wurfbewegung zu unterbrechen, sein Körpergewicht kurzfristig auf den linken Fuß, setzt den rechten Ballen – ein Vortreten des Gegners verhindernd – außen neben Ukes rechten Fuß, so daß Toris Bein (die Ferse ist angehoben) gestreckt ist und dessen Rückseite Ukes rechtes Bein unterhalb des Knies sperrt. Toris linkes Bein ist immer noch im Kniegelenk stark gebeugt. Tori blickt in Wurfrichtung, sein linkes Knie und seine Zehenspitzen zeigen ebenfalls dorthin. Toris Körpergewicht ruht jetzt auf beiden Füßen, sein Oberkörper ist in Wurfrichtung geneigt, die Außenseite des rechten Beins und die rechte Körperseite bilden eine gerade Linie. Ukes Balance ist nach vorwärts gebrochen (Fig. 78).

Toris linke Hand zieht während der ganzen Wurfbewegung und zu deren Vollendung möglichst stark an Ukes rechtem Ärmel. Toris rechte Hand hebt den Gegner nach oben und schiebt ihn dann in Wurfrichtung zu Boden. Toris rechtes Handgelenk und der Unterarm bilden dabei eine gerade Linie, die Elle liegt an der linken Brustseite des Gegners, der Ellenbogen befindet sich an der eigenen rechten Hüfte. Es ist darauf zu achten, daß Tori seine rechte Faust stets **vor** seiner Schulter hält und guter Kontakt zwischen den Kämpfern besteht. Wenn Tori beim Eindrehen Faust und Arm nicht mitnimmt, kann in „Abseitsposition" nicht mehr genügend Kraft entfaltet werden. Tori federt aus beiden Kniegelenken hoch; der Gegner stürzt in hohem Bogen zu Boden (Fig. 77).

Fig. 78–80

Diese Eindrehmethode entspricht der Lehrweise von T. Hirano, des kampfstärksten Japaners, der bisher in Deutschland unterrichtete. Tai-otoshi war sein Spezialwurf, mit dem er imponierende Erfolge errang.

Manche Kämpfer bevorzugen zum Tai-otoshi eine andere Eindrehmethode, indem sie die linke Ferse an Ukes linken Fuß heranziehen und dann den rechten Fuß direkt außen neben den rechten Fuß des Gegners setzen. Tori geht dabei nicht so stark in die Kniebeuge und wirft den Gegner nach rechts oder rechts-vorwärts (Fig. 79). Diese

Variation entspricht im Prinzip dem O-soto-otoshi, der in gleicher Weise, jedoch nach rückwärts ausgeführt wird.
Eine Abart des Tai-otoshi besteht darin, daß Tori den Griff seiner rechten Hand an Ukes Ärmel löst und Ukes rechtes Revers erfaßt. Tori drückt seine rechte Elle gegen die Innenseite von Ukes rechter Schulter, zieht wie üblich stark am linken Arm und wirft Uke im übrigen Tai-otoshi-ähnlich: Yama-arashi (Fig. 80).
Tai-otoshi-Ansätze lassen sich prächtig als Einleitung für andere Würfe z. B. O-uchi-gari oder O-soto-otoshi benutzen.
Zur Abwehr des Tai-otoshi sollte man den Gegner mit der linken Hand wegstoßen und **rechtzeitig** versuchen, über Toris sperrendes Bein hinüber zu steigen; evtl. kann man anschließend Ko-soto-gake als Konterwurf ausführen (siehe Taschenbücher des Judo Band IV).

Harai-goshi
Hüftfegen
II/7

Koshi-waza: Tori wirft den Gegner, indem er mit der Rückseite seines Beins gegen die Vorderseite des entsprechenden Beins des Gegners fegt.

Für diesen Wurf gelten die Grundregeln für Hüftwürfe. Besonders wichtig ist für Tori eine gute Balance, weil er bei Ansatz und Ausführung des Wurfs nur auf einem Bein steht.
Tori erfaßt den Gegner mit der linken Hand von außen am rechten Ärmel und mit der rechten Hand am linken Revers im oberen Drittel (Fig. 81). Macht Uke einen Rechtsvorwärtsschritt, so setzt Tori seinen

Fig. 81–84

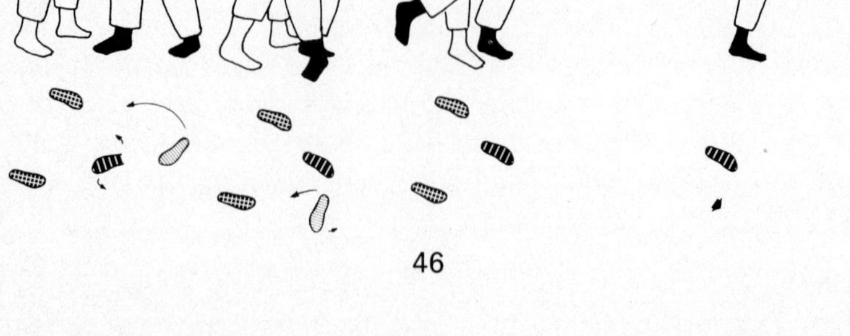

rechten Fußballen innen vor dem rechten Fuß des Gegners im Winkel zu diesem auf die Matte und dreht sich unter ständigem Armzug aufrecht, in leichter Kniebeuge stehend, ein (Fig. 82). Tori hebt dabei sein rechtes Bein und führt es kräftig und schwungvoll wie ein Pendel gegen die Vorderseite von Ukes rechtem Bein, so daß Toris Kniekehle Ukes Bein kurz unterhalb des Knies trifft. Toris Hüfte und Bein und Ukes entsprechende Körperpartien erhalten im gleichen Moment Kontakt. Während der ganzen Wurfausführung soll Toris ganze rechte Körperseite Ukes Körper berühren. Tori neigt sich in Wurfrichtung (Fig. 83).
Die Meinungen der Lehrer, ob Toris rechtes Knie beim Wurf gestreckt oder eingewinkelt sein soll, sind geteilt. Auf jeden Fall jedoch muß Toris Kniegelenk beim Auftreffen unbeweglich sein, weil sonst der Schlag mit dem Bein an Schwung verliert und nicht zur erwünschten Balancebrechung führt. Desgleichen ist ein O-goshi-Ansatz und nachträgliches sozusagen „schuldbewußtes Beinchenheben" sinnlos.
Gleichzeitig mit dem Auftreffen seines Beins beginnt Tori den Oberkörper nach vorn zu beugen und seine linke Schulter zu senken, wobei der Kontakt mit Ukes Körper (auf anhaltenden kräftigen Armzug achten!) nicht verloren gehen darf. Tori blickt zu Ukes „Landeplatz". Knie und Zehen seines Standbeins zeigen in Wurfrichtung. Tori fegt Ukes rechtes Bein nach rückwärts etwa bis in die Waagerechte, neigt sich – den Gegner mitnehmend – mit dem Oberkörper stark nach vorn und streckt das eigene Standbein: Der Gegner stürzt zu Boden (Fig. 84).
Bei Harai-goshi ist es auch möglich, mit der rechten Hand über die Schulter hinweg die Jacke auf Ukes linkem Schulterblatt zu fassen (Fig. 85/86) oder den Stoff der Jacke unter Ukes linker Achsel. Toris Ellenbogen bewegt sich in letzterem Fall beim Wurfansatz unter Ukes Achsel nach hinten.
Harai-goshi wird im Kampf auch gern angesetzt, wenn Uke sich in einer Kreisbewegung befindet. Der Wurf ist besonders dafür geeignet, Gegner zu werfen, die O-goshi-Ansätzen durch Herumspringen um Toris angreifende Hüftpartie auszuweichen pflegen. Bei Harai-goshi fegt Toris rechtes Bein das Standbein des Gegners bei der Ausweichbewegung weg.
Beim Ansatz eines Harai-goshi darf Tori nie nach links abknicken, weil

sonst der Schwung des Angriffsbeins wirkungslos in die Luft verpufft. Deshalb empfehlen manche Meister, das Angriffsbein unter gleichzeitiger Neigung des Oberkörpers nach rechts vorn, ohne es vorher anzuheben, mit einer Sichelbewegung nach hinten zu bringen.
Harai-goshi kann im Kampf durch Mitfallen auf die eigene rechte Seite noch zwingender gestaltet werden: Harai-maki-komi.

Uchi-mata
Schenkelwurf
II/8

A s h i - w a z a : Tori wirft den Gegner vorwärts, indem er die Rückseite seines Beins gegen oder zwischen Ukes Oberschenkel schwingt.

Uchi-mata gilt international als häufigster Kampfwurf. Er wird vielfach von großen Kämpfern als Lieblingstechnik gewählt. Erfolgreichster UM-Spezialist war Ex-Weltmeister Anton Geesink.
Uke steht in nicht zu enger Schrittstellung und etwas vorgebeugt. Er kann seinen rechten Fuß vorstellen, zurücksetzen oder parallel zum linken stellen. Zwischen Uke und Tori soll ein Abstand von mindestens 60 cm bestehen (Fig. 87).

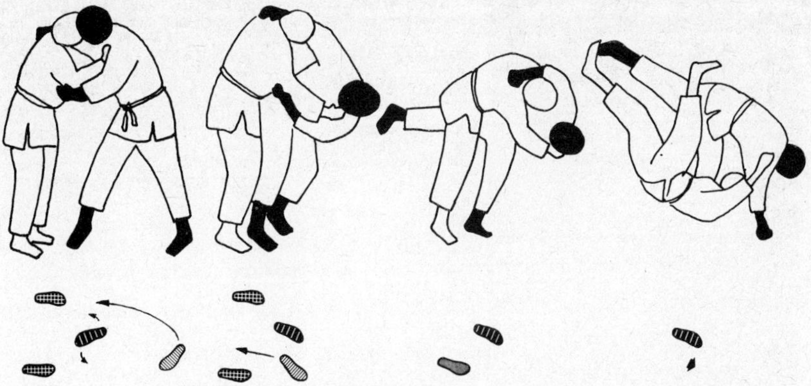

Fig. 87–90

Tori erfaßt Uke mit der linken Hand am rechten Ärmel und mit der rechten Hand an Ukes Kragen (Daumen innen) hinten am Genick. Bei größeren Partnern Ukes linkes Revers erfassen! Tori setzt seinen rechten Ballen (Kniegelenk gebeugt, Zehen einwärts gedreht) diagonal innen neben Ukes rechten Fuß und zieht den Gegner mit beiden Händen vorwärts. Toris linker Ellenbogen soll nach vorn oder schräg aufwärts zeigen. Tori setzt seinen linken Fuß hinter dem rechten vorbei und dreht sich auf dem rechten Ballen so ein, daß seine Zehen in Wurfrichtung zeigen und sein Körpergewicht auf dem linken Fuß ruht (Fig. 88). Unter anhaltendem kräftigen Zug der Arme schwingt Tori seinen rechten Oberschenkel kräftig nach hinten (Fig. 89), so daß er etwa die Mitte von Ukes linkem Oberschenkel (und nicht Ukes Hoden!) trifft. Hat Uke sehr lange Beine, empfiehlt es sich, Ukes rechten Oberschenkel anzugreifen. Toris Bein muß dabei im Kniegelenk unbeweglich bleiben und ist am besten gestreckt zu halten. Der Ansatz des UM am linken Oberschenkel des Gegners ist (theoretisch) am besten, weil der Gegner wegen des idealen Drehpunkts praktisch fallübungskonform nahezu ohne Armzug fällt.

Tori beugt sich während der Wurfausführung stark nach vorn und nach links und bringt seinen Kopf in Mattennähe, ohne daß dabei der Kontakt seines Rückens zu Ukes Oberkörper abreißt, und rollt den Gegner über sich zu Boden (Fig. 90). Tori darf seine Stirn der Matte nie mehr als ca. 20 cm nähern, da sonst Verletzungsgefahr besteht, weil er bei einer harten Abwehrbewegung des Gegners nicht mehr nach vorn

Fig. 91/92

(notfalls über die Nase) rutschen kann, sondern auf den Kopf gestaucht wird.

Vom UM sind zahlreiche Variationen bekannt, die sich in Nuancen der Faßart, Eindrehbewegung usw. unterscheiden. Toris rechte Hand kann die Jacke des Gegners an Ukes linkem Schulterblatt oder am linken Revers erfassen. Tori braucht sich nicht schulmäßig wie oben beschrieben einzudrehen, sondern kann in Wurfposition springen (Daigo-Methode) oder den Gegner aus einer Drehbewegung wie bei der Nage-no-Kata (Taschenbücher des Judo, Band 6) auflaufen lassen oder ihn (rechte Fußaußenkante schleift über die Matte) mit einem Tai-otoshi-ähnlichen Wurfeingang werfen. Toris rechter Oberschenkel muß nicht, wie beschrieben, Ukes linken Oberschenkel treffen, sondern kann auch innen gegen Ukes rechtes Bein schlagen (Tori steht dann tiefer) oder direkt zwischen Ukes Beine treffen. Es ist auch möglich, Uchi-mata etwa an Ukes linkem Knie anzusetzen. Dabei wird der Gegner dann häufig erst durch ein oder mehrere „Hüpfer", die Tori – sich nach links bewegend – auf seinem rechten Ballen ausführt, geworfen: Ken-ken-uchi-mata.

Uchi-mata kann auch gegen einen rechts niederknienden Gegner angewendet werden, wobei sich Tori zweckmäßig nicht so weit eindreht und den rechten Unterschenkel in Ukes linke Kniekehle schlägt.

UM wird üblicher –, aber umstrittenerweise den Beinwürfen zugeordnet. Zumindest einige Variationen des Uchi-mata sind Hüftwurftechniken.

Als Kombinationswürfe für Uchi-mata werden u. a. O-uchi-gari und Hidari-sasae-tsuri-komi-ashi empfohlen. Als Konterwürfe gegen Uchi-mata gelingen Te-guruma und, vorausgesetzt das Angriffsbein des Gegners verfehlt das Ziel, Hidari-tai-otoshi.

Ko-soto-gake
Kleines Einhängen
III/1

A s h i - w a z a : Tori hakt sein Bein von außen hinter das andere belastete Bein des Gegners und wirft Uke nach rückwärts.

Uke steht vor Tori. Die Füße des Gegners können parallel – etwa in Schulterbreite – auf der Matte stehen oder Uke hat den rechten Fuß vorgestellt. Es ist günstig, wenn Ukes Oberkörper leicht nach rückwärts gelehnt ist (Fig. 93).
Toris linke Hand erfaßt Ukes rechten Ärmel kurz über dem Ellenbogengelenk von außen oder Ukes rechtes Revers. Die rechte Elle (Toris

Fig. 93–95

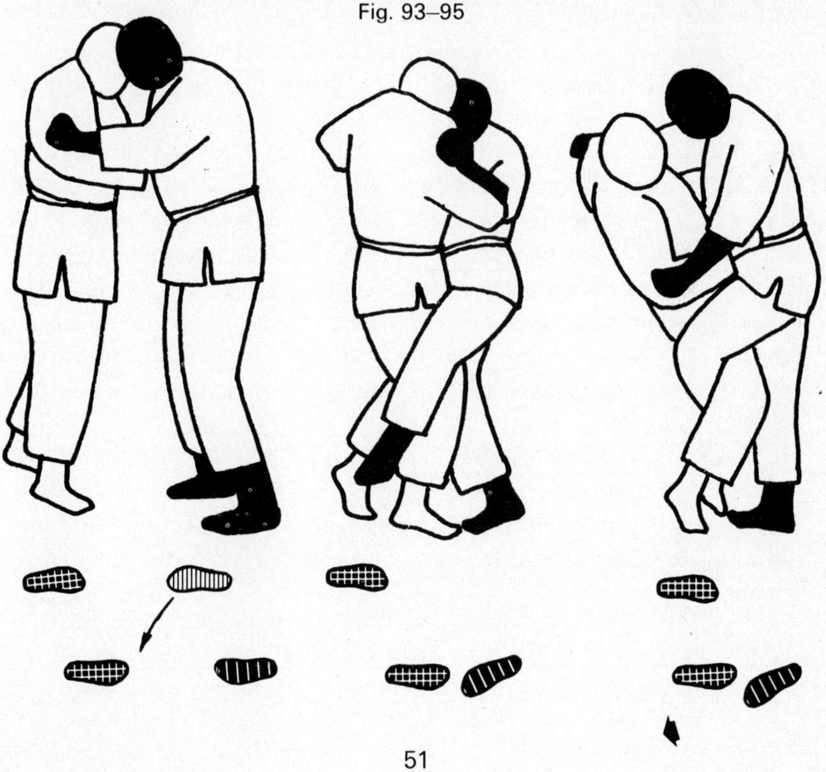

Fig. 96/97

rechte Hand erfaßt Ukes linkes Revers) drückt Tori gegen Ukes linke Brustseite.

Tori tritt wie bei Ko-soto-gari mit dem rechten Fuß (Bein im Kniegelenk leicht gebeugt) vor oder neben den rechten Fuß des Gegners und hakt seinen linken Unterschenkel von außen hinter Ukes rechtes Bein, so daß sich die Waden berühren (Fig. 94). Tori stellt Kontakt zu Ukes Körper her und zieht den hinter dem Bein des Gegners befindlichen linken Unterschenkel kräftig zu sich heran. Ukes rechten Ellenbogen drückt Tori mit der linken Hand in Richtung von Ukes rechter Kniekehle. Die Handarbeit soll nicht ruckartig, sondern stetig und kräftig ausgeführt werden.

Tori bricht die Balance des Gegners und wirft ihn, indem er sich Brust an Brust über den Gegner beugend, in Wurfrichtung lehnt (Fig. 95). Kurz bevor Uke fällt, stellt Tori seinen linken Fuß wieder auf die Matte, um nicht mitzufallen (Mein Freund P. übrigens stellt das Bein nicht wieder auf!).

Ko-soto-gake kann auch an einem voll mit dem Körpergewicht des Gegners belasteten Fuß angesetzt werden, indem Tori Ukes Ferse mit seiner Fußsohle blockiert.

Ko-soto-gake läßt sich ausgezeichnet als Konterwurf gegen einen fußwurfansetzenden oder Tai-otoshi ausführenden Gegner verwenden und immer dann, wenn Uke z. B., um sich zu verteidigen, seinen Oberkörper zurücklehnt. Zur Abwehr eines Ko-soto-gake sollte man rechtzeitig den Fuß zurücksetzen, den der Gegner angreift.

Tsuri-goshi
Hüftzug
III/2

Koshi-waza: Tori wirft den Gegner, indem er Ukes Gürtel erfaßt und ihn auf seine Hüfte zieht.

Die Faßart der linken Hand, das Eindrehen und die Wurfbewegung entsprechen dem O-goshi oder Koshi-guruma. Toris rechte Hand jedoch erfaßt Ukes Gürtel. Die Zeitspanne zwischen Gürtelfassen und Wurfansatz muß kurz sein, weil sonst im Wettkampf der Mattenrichter das zu lange Gürtelfassen reklamiert.

Fig. 98/99

Fig. 100–102

Tori kann den Gürtel über Ukes linke Schulter hinweg (O-tsuri-goshi), unter Ukes linker Achsel hindurch (Ko-tsuri-goshi) oder vor Ukes Bauch etwa in der Mitte (Obi-tori) fassen. Toris Handrücken zeigt jeweils nach oben. Die erste Methode wird von an Körpergröße überlegenen Kämpfern bevorzugt oder wenn der Gegner O-goshi angesetzt und seinen Arm um Toris Hüfte gelegt hat. Die zweite Methode ist vorteilhaft, wenn Tori gleich groß oder kleiner als Uke ist. Hierbei sollte sich Tori begnügen, den Gürtel des Gegners etwa an der linken Hüfte zu fassen. Ein Hindurchfassen bis zur Rückenmitte des Gegners ist zwar theoretisch wirksamer, im Kampf jedoch meist nicht möglich und verführt Uke zu Gegenaktionen, z. B. mit Kannuki-gatame. Durch kräftigen Zug von Toris rechter Hand nach oben und kontinuierlichen Zug der linken Hand in Wurfrichtung wird der Gegner beim Eindrehen auf Toris Hüfte gerissen (Fig. 98–100) und mit der bei Hüftwürfen üblichen Körperdrehung geworfen.

Manche Meister empfehlen beim Eindrehen zu diesem Wurf den linken Fuß um das Standbein herum soweit wie möglich zwischen Ukes Beine zu setzen, um damit den eigenen Stand zu verbessern und die Hüfte tiefer unter den Schwerpunkt des Gegners zu bringen (Fig. 101). Die beste Verteidigung gegen Tsuri-goshi besteht darin, den Gegner gar nicht erst in den Gürtel fassen zu lassen. Hat man Ukes Ansatz erst spät bemerkt, hilft oft, wie auch bei anderen Würfen, eine schnelle kräftige Rechtsdrehung verbunden mit einem Zurückreißen des rechten Arms (Fig. 102).

Yoko-otoshi
Seitfallzug
III/3

Sutemi-waza: Tori wirft sich – ein Bein seitlich am Gegner vorbeischiebend – auf die entsprechende eigene Körperseite und reißt Uke seitwärts zu Boden.

Die Anwendung dieses ersten Sutemi-waza in der Gokyo ist zweckmäßig, wenn Uke in Verteidigungsstellung (Jigo-tai) oder auf seinem rechten Fuß steht. Es ist günstig, Yoko-otoshi anzusetzen, wenn der Gegner sein Körpergewicht, z. B. bei einer Vorwärts-, Rückwärts- oder Seitwärtsschrittbewegung nach seiner rechten Seite verlagert hat. Tori muß sich bei Yoko-otoshi ohne Furcht schwungvoll zu Boden werfen, so daß Uke durch Toris fallendes Körpergewicht nach rechts seitwärts aus der Balance kommt.

Tori erfaßt den Gegner, die Arme leicht gebeugt, mit der linken Hand am rechten Ärmel und mit der rechten Hand am linken Revers. Tori setzt seinen rechten Fuß vor Ukes Beinen etwa in deren Mitte auf die Matte (Fig. 103). Sein linkes gestrecktes Bein schiebt Tori außen an Ukes rechtem Bein vorbei nach hinten. Toris Zehen zeigen in Wurfrichtung;

Fig. 103–105

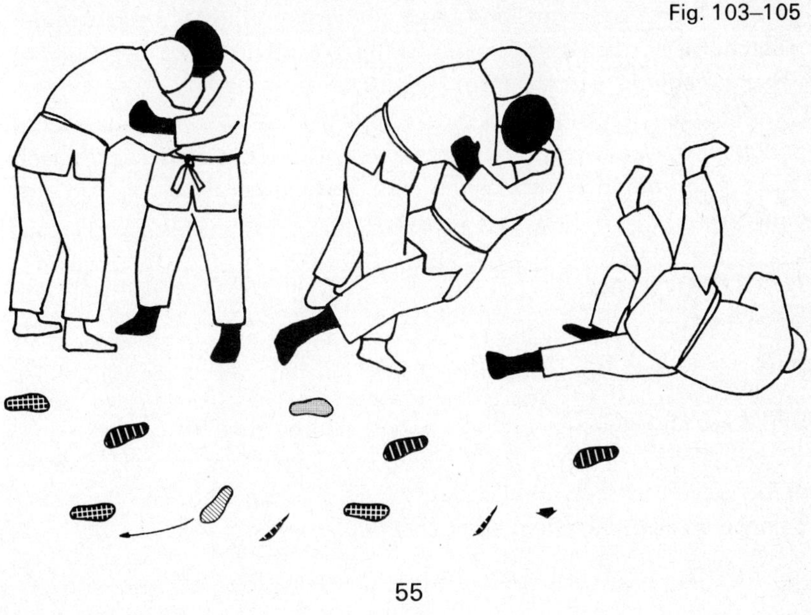

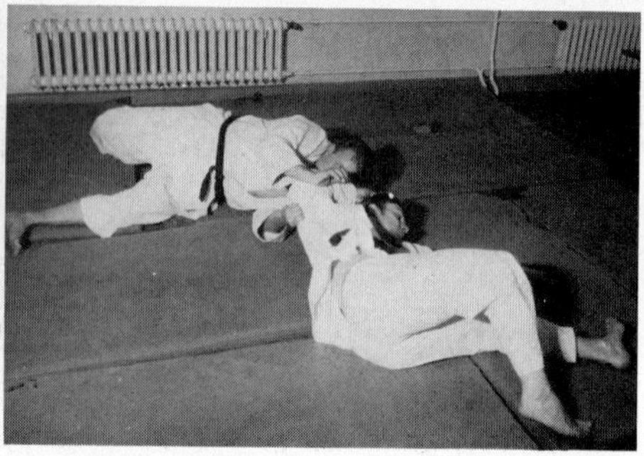

Fig. 106/107

die Fußaußenkante berührt die Matte (Fig. 104). In der gleichen Geschwindigkeit wie das Bein neben Uke geschoben wird, wirft sich Tori auf seine linke Seite. Tori darf dabei nicht in der Hüfte einknicken und sein Gesäß nach hinten strecken oder sich nach rückwärts lehnen, sondern soll bestrebt sein, Uke dicht vor sich zu halten. Toris Arme bilden eine feste Verbindung zu Uke.
Durch Zug von Toris linkem Arm nach unten in Richtung auf Ukes rechte Kniekehle oder zum eigenen Gürtelknoten und Druck von Toris rechtem Arm nach oben und in Wurfrichtung wird Uke nach seiner rechten Seite über Toris linkes gestrecktes Bein geworfen und im Fallen nach links gedreht (Fig. 105–107).
Uke muß bei Yoko-otoshi vor allem darauf achten, nicht auf seine rechte Schulterspitze zu fallen. Bemerkt er den Ansatz rechtzeitig, kann er sich häufig noch durch Hinübertreten über Toris linkes Bein vor dem Fall bewahren.

Ashi-guruma
Beinrad

III/4

Ashi-waza: Der Gegner wird über Toris vor Ukes beiden Beinen unterhalb seiner Knie gestrecktes Bein in einem Dreiviertelkreisbogen geworfen.

Der Wurf ähnelt in Faßart und Körperhaltung dem Tai-otoshi. Toris rechtes, Ukes Beine sperrendes Bein, wird jedoch nicht auf die Matte gesetzt, sondern reißt, ähnlich wie bei O-guruma, die Beine des seine Balance verlierenden Gegners vom Boden.

Fig. 108–110

Zum Ashi-guruma kann man, wie bei Tai-otoshi beschrieben, eindrehen (Fig. 108–110).

Eine weitere Methode ist mit O-guruma verwandt.

Uke macht mit dem linken Bein einen Vorwärtsschritt. Tori setzt den linken im Kniegelenk gebeugten Fuß außen vor den linken Fuß des Gegners mit einwärts gedrehten Zehen auf und zieht den Gegner vor allem mit der rechten Hand stark nach unten. Der Gegner versucht sich aufzurichten, sein rechter Fuß ist nicht voll mit dem Körpergewicht belastet. In diesem Moment dreht Tori sich auf dem linken Fußballen um 180°, zieht mit der linken Hand (parallel zur Matte) stark an Ukes rechtem Ärmel und schiebt mit der rechten Hand (Toris rechter Ellenbogen befindet sich zunächst dicht an der eigenen rechten und Ukes linker Hüfte) in Wurfrichtung, so daß Uke seine Balance nach vorn verliert. Die Rückseite von Toris rechtem gestreckten Bein fegt gegen Ukes rechtes Schienbein und dessen linke Kniepartie. Toris Zehen zeigen in Wurfrichtung. Der Gegner stürzt über Toris gestrecktes Bein zu Boden (Fig. 111/112).

Manche Meister empfehlen folgende Variation des Ashi-guruma: Das rechte Schienbein des Gegners wird kurz über dem Spann mit Toris

Fig. 111/112

rechter Fußaußenkante bzw. dem Knöchel beim Eindrehen nach rückwärts geschoben.

Hane-goshi Springhüftwurf

III/5

Koshi-waza: Tori wirft den Gegner vorwärts, indem er mit der Außenseite seines Unterschenkels gegen die Innenseite des entsprechenden Beins des Gegners schiebt.

Für den Ansatz dieses Wurfes gelten die Grundregeln für Hüftwürfe. Es ist vorteilhaft, wenn Uke aufrecht oder leicht nach vorn gebeugt und nicht zu nahe vor Tori steht.
Tori erfaßt Uke mit der linken Hand von außen an seinem rechten Ärmel (Fig. 113). Mit der rechten Hand faßt er Ukes Jacke am linken Schulterblatt. Führt Uke einen Rechtsrückwärtsschritt aus, folgt Tori schnell mit seinem linken Fuß und setzt den Ballen (Bein im Kniegelenk gebeugt) in Höhe von Ukes rechten Zehen auf die Matte, wobei Toris Fußspitze nach außen zeigt (Fig. 114). Praktisch gleichzeitig dreht sich Tori unter Zug beider Arme auf dem linken Ballen links herum

Fig. 113–116

ein, so daß seine rechte Hüfte fest gegen Ukes rechte Hüfte drückt und schiebt mit der Außenseite des rechten, im Kniegelenk eingewinkelten Unterschenkels die Innenseite von Ukes rechtem Bein kurz über dem Knöchel nach außen (Fig. 115). Der Stoß von Toris Unterschenkel soll gleichzeitig mit dem Eindrehen so kräftig wie möglich erfolgen. (Ein Eindrehen zum Hüftwurf und anschließendes, an eine Hundenotdurft-Verrichtung erinnerndes Beinheben, ist wirkungslos!) Im selben Maße wie Tori Ukes Bein zurückdrückt und dadurch nach oben hebt, beugt er sich mit dem Oberkörper unter anhaltendem, kräftigen Zug Toris linker Hand und hebender Bewegung der rechten nach rechts vorn zur Matte und schraubt sich unter Ukes Schwerpunkt (Oberkörper nicht nach links abknicken). Toris Zehen und Knie zeigen in Wurfrichtung; er blickt dorthin, wo er Ukes „Landung" (siehe auch Titelbild) erwartet (Fig. 116–118).

Bei Hane-goshi ist es auch möglich, mit der rechten oder beiden Händen die Jacke des Gegners unter den Achseln zu fassen oder – dies bevorzugen an Körpergröße unterlegene Angreifer – die De-ashi-barai-Faßart zu verwenden.

Dieser Wurf kann auch aus dem Stand, wenn der Gegner den rechten Fuß vorsetzt, oder aus einer Kreisbewegung rechts herum angesetzt werden. Das Eindrehen kann auch ähnlich wie bei Tai-otoshi beschrieben erfolgen.

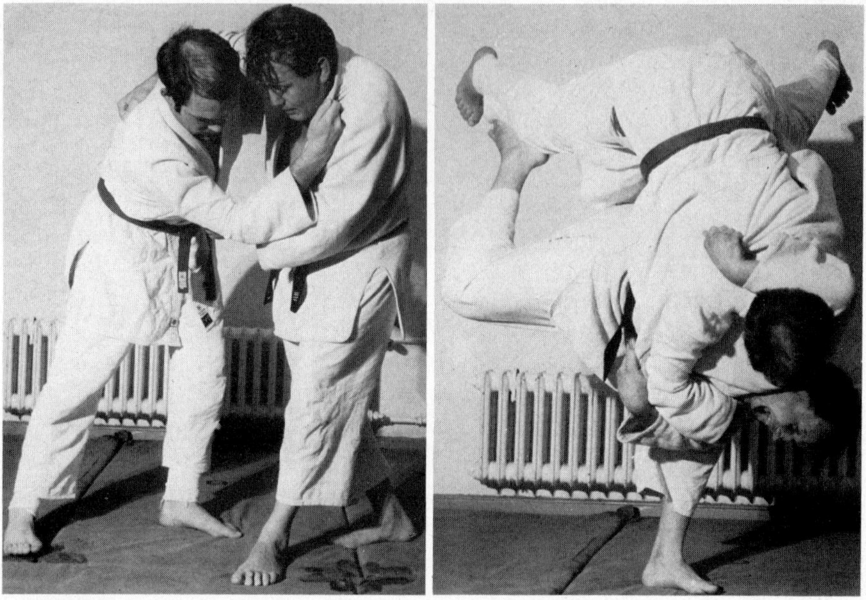

Fig. 117/118

Der Ansatz des Beins kann in verschiedener Höhe erfolgen, wie beschrieben oder so, daß Toris Spann gegen Ukes rechte Wade oder rechten Oberschenkel oder seinen linken Oberschenkel am Hüftansatz drückt.

Zur Verteidigung gegen Hane-goshi muß man versuchen, dem Gegner den rechten Arm zu entreißen. (Sperren nützt bei Experten nichts!) Beliebter Konterwurf gegen Hane-goshi: Utsuri-goshi.

Hane-goshi ist ein schneller und eleganter Kampfwurf. W. D. Paetsch erkämpfte sich mit Hane-goshi (und Köllnflocken!) mehrfach die Deutsche Meisterschaft.

Harai-tsuri-komi-ashi
Hebezugfußfegen

III/6

Ashi-waza: Tori greift ein hintenstehendes Bein des Gegners mit der Fußsohle an.

Für diesen mit Sasae-tsuri-komi-ashi verwandten Wurf gelten die Grundregeln für Fußwürfe. Besonders ist darauf zu achten, daß der angreifende Fuß und die Hüfte nicht einknicken.

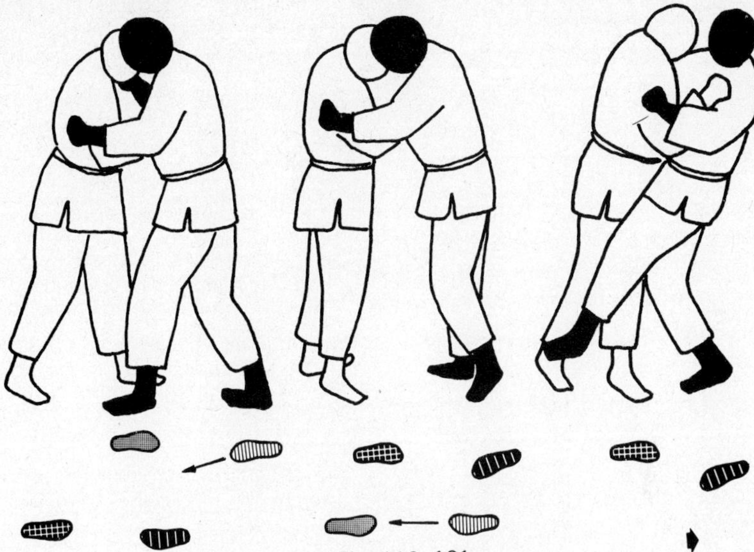

Fig. 119–121

Tori erfaßt den Gegner unter beiden Achseln. Dieser Wurf wird z. B. angesetzt, wenn Uke in nicht zu breiter Schrittstellung rückwärts läuft. Setzt der Gegner seinen linken Fuß zurück, so folgt Tori mit dem rechten Fuß (großer Schritt!), den er so aufsetzt, daß die Zehen nach innen zeigen und das Standbein im Kniegelenk gebeugt ist. Setzt Uke nun seinen rechten Fuß zurück, so schiebt Tori die linke Fußsohle gegen Ukes Schienbein kurz über dem Spann und drückt bzw. fegt Ukes nicht voll mit dem Körpergewicht belasteten Fuß nach hinten zurück. Dabei schiebt Tori den Unterkörper unter den Gegner (steht also selbst schräg nach hinten gelehnt) und hebt Uke unter Streckung des Knies kräftig aus der Hüfte mit beiden Händen zum eigenen Körper und nach oben. In dem Moment, in dem Uke nach rechts vorwärts aus der Balance kommt, dreht Tori – den Gegner festhaltend – (die Ellenbogen bleiben dicht an der Hüfte!) den Oberkörper nach links (man fühle sich am Steuer eines LKW!): Uke fällt der Länge nach zu Boden (Fig 119–121). Harai-tsuri-komi-ashi kann auch in anderer Faßart, z. B. einer De-ashi-barai-ähnlichen, ausgeführt werden. Manche Meister empfehlen Tori seine Fußsohle nicht gegen das Schienbein oberhalb des Spanns, sondern gegen den Knöchel zu setzen und in die gleiche Richtung zu fegen, wie bei De-ashi-barai.

Fig. 122

Es ist auch möglich, Harai-tsuri-komi-ashi anzusetzen, wenn der Gegner auf Tori zukommt, und zwar in dem Moment, wo er den hintenstehenden Fuß zu einem Schritt anheben will (Fig. 122).
Zur Abwehr gegen Harai-tsuri-komi-ashi sollte man sein Gewicht auf den angegriffenen Fuß stellen, diesen nach außen drehen und die rechte Hand zurückreißen.

Tomoe-nage
Kopfwurf
III/7

Sutemi-waza: Tori setzt eine Fußsohle gegen Ukes Unterkörper, wirft sich auf den Rücken und wirft den Gegner – mit dem Fuß tretend – über sich.

Dieser eindrucksvolle Körperwurf wird erfolgreich angesetzt, wenn der Gegner breitbeinig und nach vorn gebeugt steht oder wenn er sich als Antwort auf ein Zurückdrängen durch Tori hinreißen läßt, seinerseits vorwärts zu schieben.
Tori erfaßt mit nahezu gestreckten Armen Ukes beide Ärmel von außen etwa in der Mitte zwischen Ellenbogen und Schulter. Tori steht vor Uke und setzt seinen linken Fuß in die Mitte zwischen Ukes Beinen auf

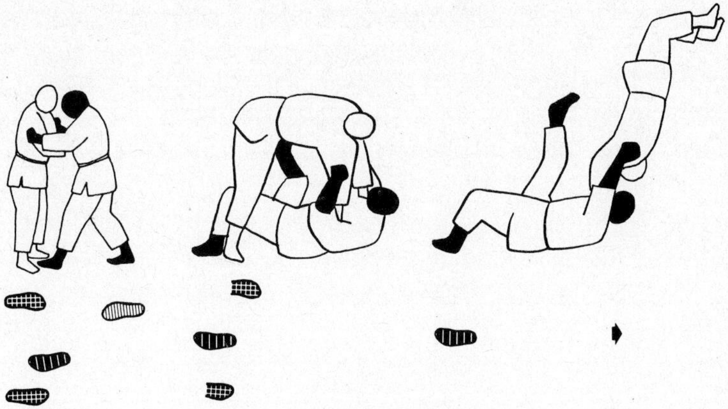

Fig. 123–125

die Matte (Fig. 123). (Sind Ukes Beine geschlossen, wird der Fuß außen neben Ukes rechten Fuß gesetzt.) Den rechten Fußballen setzt Tori, das Bein anhebend und von außen nach innen kreisbogenförmig einschwingend, unter Ukes Bauchnabel. In derselben Geschwindigkeit wie Toris rechter Fuß angehoben wird, wirft sich Tori vor Uke auf den Rücken, den Gegner mit nahezu gestreckten Armen mitziehend, so daß Toris Gesäß dicht vor oder zwischen Ukes Beinen die Matte (und häufig die eigene Ferse) berührt (Fig. 124). Dabei soll Toris rechtes Bein im Kniegelenk gebeugt bleiben und der Oberschenkel fast die eigene Brust berühren. Toris Rücken muß beim Zu-Boden-Gehen rund sein, damit der für die Ausführung des Wurfs erforderliche Schwung nicht unterbrochen wird. Ukes Balance wird erschüttert und durch plötzliches Anziehen von Toris Armen vollends gebrochen. Hat Uke sein Gleichgewicht weit genug eingebüßt (Toris rechter Unterschenkel steht senkrecht oder zeigt bereits in Wurfrichtung), so wird der Gegner durch kräftiges Stoßen des rechten Fußes in Wurfrichtung und nach oben über Tori hinweg unter gleichzeitigem weiteren kräftigen Zug Toris beider Arme geworfen (Fig. 125). Tori stemmt dabei seine linke Fußsohle kräftig gegen die Matte und hebt den Unterkörper an.
Bei der Ausführung des Tomoe-nage kann Tori den Gegner auch z. B. wie bei Sasae-tsuri-komi-ashi erfassen oder mit beiden Händen an Ukes Revers. Manche Meister empfehlen die rechte Fußsohle gegen Ukes linke Leistenbeuge zu setzen. Der Autor, der mit Tomoe-nage

immerhin schon einen repräsentativen Bevölkerungsquerschnitt geworfen hat, hält die beschriebene Methode, die Fußsohle gegen Ukes Körpermitte zu setzen jedoch für günstiger; allerdings empfiehlt es sich dabei, so genau zu zielen, daß man weder Ukes Hals trifft, noch Gefahr besteht, seine Zeugungsfähigkeit bleibend zu beeinträchtigen.
Nach dem Kopfwurfprinzip läßt sich der Gegner auch aus einer Drehbewegung werfen. Hierbei wird Uke wie bei Sasae-tsuri-komi-ashi erfaßt, Toris Fuß in Ukes rechte oder linke Leistenbeuge gesetzt und der Gegner in einem flachen seitlichen Bogen geworfen: Tomoe-otoshi.

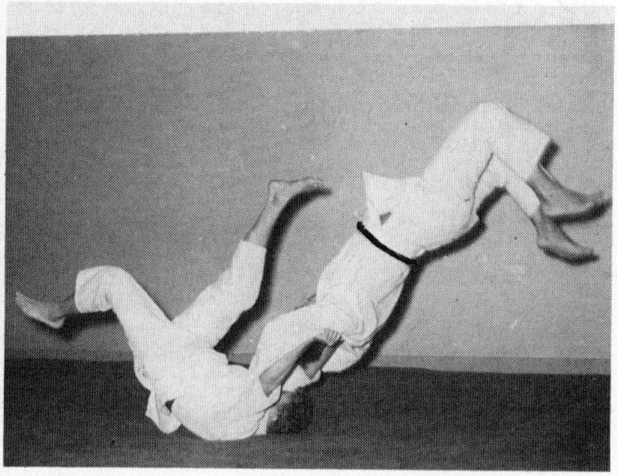

Fig. 126/127

Tomoe-nage wird vielfach als Kampfwurf nicht sehr ernst genommen – zu Unrecht, denn Experten befördern Gegner häufig blitzartig in die „Umlaufbahn". Erfolgversprechende Kombinationen zu Tomoe-nage-Ansätzen sind O-soto-gari und Sasae-tsuri-komi-ashi. Im Kampf darf man Tomoe-nage nicht zu häufig ohne Erfolg ansetzen, ein Mißlingen können sich nur gute Bodenkämpfer leisten, denn man kontert Kopfwurfansätze des Gegners am besten – nach Fortschieben seines ansetzenden Fußes und Vorschieben des Bauches – mit Kuzure-gesa-gatame oder Tate-shiho-gatame.

Kata-guruma
Schulterrad
III/8

Te-waza: Tori zieht Uke mit einer Hand nach vorn, taucht unter den Gegner, umschlingt mit dem anderen Arm Ukes Bein, hebt den Gegner mit der Schulter und wirft ihn zu Boden.

Kata-guruma gilt als schöne und eindrucksvolle Judowurftechnik und wird gerne bei Vorführungen gezeigt. Weniger bekannt ist die Wirksamkeit dieses Wurfs im Kampf, wie sie tschechische Mannschaften und Kata-guruma-Spezialist, O. Smirat, der DDR- und Vize-Europameister wurde, demonstrierten.

Fig. 128–130

Uke steht aufrecht oder etwas vorgebeugt und hat sein rechtes Bein vorgesetzt. Tori zieht Uke – mit der linken Hand seinen rechten Ärmel am besten an der Innenseite etwa in der Mitte zwischen Ellenbogen und Handgelenk fassend – so stark wie möglich nach vorn und löst die rechte Hand von Ukes Revers (Fig. 128). Es ist günstig, wenn Ukes Gleichgewicht vor dem Wurfansatz bereits nach vorwärts gebrochen ist. Tori geht ziemlich tief in die Kniebeuge, taucht – sich um 90° eindrehend und etwa in Schulterbreite stehend – unter Ukes linken Arm und umschlingt mit dem rechten Unterarm Ukes rechtes Bein von innen (Fig. 129). Tori legt die Hand um Ukes Bein herum auf die Wade des Gegners und stößt die rechte Schulter gegen Ukes Leistenbeuge (Ukes Gürtel befindet sich an Toris Genick). Tori muß seinen Oberkörper während der Durchführung des Wurfs aufrecht halten. Ohne Unterbrechung hebt Tori Uke hoch und wirft ihn (Tori kann dabei das linke Bein an das rechte heranziehen) entweder im hohen Bogen über sich, indem er seine rechte Schulter und seinen rechten Arm hochreißt oder in Richtung von Ukes rechter Seite vor sich, indem er den Gegner von der Schulter kippt (Fig. 130).

Fig. 131/132

Bei Kata-guruma ist ein ständiger starker Zug Toris linker Hand an Ukes Ärmel, zuerst in Ukes Laufrichtung und dann nach unten, besonders wichtig. Manche Meister empfehlen Tori, bei der letzten Phase des Wurfs, die Knie zu strecken.

Zur Abwehr eines Kata-guruma sollte man vor allem das rechte Bein nicht zu sorglos vorsetzen. Oft rettet noch ein Tief-in-die-Kniebeuge-Gehen, verbunden mit einem Zurückreißen des rechten Arms.

Sumi-gaeshi
Eckenwurf
IV/1

S u t e m i - w a z a : Tori wirft sich auf den Rücken und reißt den Gegner, indem er seinen Spann gegen die Innenseite von Ukes anderen Oberschenkel schiebt, über sich zu Boden.

Sumi-gaeshi ist eine Möglichkeit, einen in tiefer Verteidigungsstellung stehenden oder sich bewegenden Gegner zu werfen oder in die Bodenlage zu bringen, falls man dort Experte ist. Sumi-gaeshi läßt sich besonders gut ausführen, wenn der Gegner den Oberkörper etwas nach vorn beugt und den linken Fuß vorgesetzt hat.

Fig. 133–135

Tori erfaßt Uke mit der linken Hand von unten am rechten Ärmel im oberen Drittel. Mit der rechten Hand faßt Tori über Ukes linke Schulter hinweg die Jacke des Gegners am Schulterblatt (Fig. 133).
Zum Wurfansatz setzt Tori, der evtl. auch in Verteidigungsstellung steht, seine linke Fußsohle innen neben Ukes rechten Fuß auf die Matte (Fig. 134). Tori wirft sich auf den Rücken, taucht dadurch unter Ukes Schwerpunkt (Tori soll sein Gesäß dabei nahe an seine linke Ferse bringen) und setzt den rechten Spann gegen die Innenseite von Ukes linkem Oberschenkel kurz unterhalb der Leistenpartie. Toris Arme bilden eine feste Verbindung zwischen beiden Kämpfern. Toris Rücken muß rund sein, um den Schwung der Bewegung nicht zu unterbrechen. Tori schiebt den in gebückter Haltung über ihm stehenden Gegner

Fig. 136

ohne Unterbrechung mit dem Spann vorwärts. Dabei drückt er den aufgesetzten linken Fuß auf die Matte und hebt den eigenen Unterkörper an. Mit der rechten Hand zieht Tori den Gegner in Wurfrichtung; seine linke Hand schiebt dorthin. Uke stürzt mit einem Dreiviertelsalto über Tori zu Boden (Fig. 135/136).

Zum Sumi-gaeshi-Ansatz kann man den Gegner auch wie bei Sasae-tsuri-komi-ashi oder unter beiden Achseln erfassen. Bei der ersten Faßart liegt Tori im Winkel von 45° (zur Richtung von Ukes Schlüsselbeinpartie beim Ansatz) vor dem Gegner und fast auf der Seite.

Gegen Sumi-gaeshi-Ansätze des Gegners kann man sich manchmal durch einen weiten Vorwärtsschritt oder durch einen Ko-soto-gake-Ansatz am linken Bein des Angreifers verteidigen.

Tani-otoshi
Talfallzug
IV/2

Sutemi-waza: Tori wirft sich, ein Bein von außen hinter Ukes Beine schiebend, auf die eigene entsprechende Körperseite und reißt Uke nach rückwärts zu Boden.

Zum Ansatz dieses Wurfes ist es günstig, wenn Uke in Verteidigungsstellung steht, den rechten Fuß vorgestellt hat und sich nach hinten lehnt (d. h. auf seinen Fersen steht) wie es z. B. beim „Abblocken" von Hüftwurfansätzen üblich ist.

Fig. 137/138

Toris linke Hand erfaßt Ukes rechten Ärmel. Toris rechte Hand erfaßt Ukes linkes Revers, Toris rechte Elle befindet sich an Ukes Brust. Tori setzt den rechten Fuß (Zehen einwärts!) vor Ukes rechten Fuß und schiebt sein gestrecktes linkes Bein von außen dicht um Ukes rechtes Bein herum möglichst so weit hinter Ukes Beine, daß seine Ferse hinter Ukes linker Ferse liegt. Toris Zehen zeigen etwa in Wurfrichtung.

In dem Maße, wie Tori durch das Vorschieben des Fußes zu Boden gleitet, muß er Uke mitnehmen und ihm seine Balance durch eine dem Ko-soto-gake ähnelnde Handarbeit nach rückwärts rauben. Toris linke Hand zieht Ukes rechten Arm nach unten. Dabei ist es wichtig, mit der Brust engen Kontakt zu Ukes Oberkörper zu halten und den Gegner, sich mit dem rechten Fuß abdrückend, vor sich her zu schie-

Fig. 139

ben, bis Tori selbst auf der linken Seite – fast auf den Bauch gedreht – liegt. Wird der Wurf mit der im Kampf nötigen Schnelligkeit ausgeführt, rammt Tori Uke, sich möglichst über ihn beugend, nach rückwärts zu Boden (Fig. 137–139).

Tani-otoshi wird oft als Kontertechnik besonders gegen Hüftwürfe benutzt, wenn der Gegner Tori beim Eindrehen seine Seite zuwendet. Auch kann sich Tani-otoshi aus einem Ko-soto-gake entwickeln. Tani-otoshi erfordert einen kräftigen Schub mit dem ganzen Körper, übertragen durch Toris rechten Arm. Vorsicht! Uke fällt bei Tani-otoshi leicht hart, z. B. auf den Hinterkopf!

Die Fortsetzung eines nicht voll gelungenen Tani-otoshi ist der Bodenkampf.

Springdrehwurf Hane-maki-komi

IV/3

Sutemi-waza: Tori dreht wie zu Hane-goshi ein und rollt sich – den Gegner mitnehmend – in Wurfrichtung zu Boden.

Hane-maki-komi ist der sozusagen „gewalttätige" Bruder des Hane-goshi.

Vereitelt der Gegner durch Vorschieben der Hüfte Hane-goshi, kann man ihn durch Aufgabe der eigenen Balance häufig noch mit Hane-maki-komi werfen. Hane-maki-komi ist eine Möglichkeit für große

Fig. 140/141

Kämpfer nach dem Hane-goshi-Prinzip einen Wurf erfolgreich durchzuführen, ohne tief in die Kniebeuge gehen zu müssen.
Tori steht vor Uke. Er hat den rechten Ärmel des Gegners mit der linken Hand und Ukes linkes Revers mit der rechten Hand erfaßt. Tori geht etwas in die Kniebeuge und dreht sich wie zum Hane-goshi ein. Nachdem Ukes Balance nach rechts vorwärts schon fast gebrochen ist, löst Tori den Griff der rechten Hand. Unter ständigem Zug der linken Hand wirft Tori sich, ohne Unterbrechung in Wurfrichtung, bis er auf der rechten Körperseite neben dem mit ziemlicher Wucht über Toris Hüfte zu Boden fallenden Uke liegt. Während der Rollbewegung ist auf guten Kontakt mit dem Gegner zu achten. Tori führt seine rechte Hand neben dem fallenden Gegner an dessen rechter Körperseite zur Matte (Fig. 140 bis 142).

Fig. 142

Der starke Zug an Toris linkem Arm während des ganzen Wurfs ist auch erforderlich, um Uke das Fallen zu erleichtern. Tori stützt sich beim Fall mit der rechten Hand ab. Manche Meister empfehlen Ungeübten, sich zunächst auch noch mit dem rechten Knie und Unterarm abzustützen. Es wird auch empfohlen, beim Hane-maki-komi nach dem Lösen des Griffs den Oberarm um Ukes Hals zu legen. Manche Meister empfehlen beim Übergang in die Bodenlage mit der rechten Hand die Außenseite von Ukes rechtem Ärmel zu fassen.
Die Fortsetzung eines nicht voll gelungenen Hane-maki-komi ist der Bodenkampf.

Sukui-nage
Schaufelwurf

IV/4

Te-waza: Tori stellt sich neben Uke, reißt mit den Händen die Beine des Gegners hoch und wirft Uke nach rückwärts.

Dieser Wurf wird z. B. angesetzt, wenn Uke einen Koshi-waza ansetzen will, einen Linksvorwärtsschritt macht und seinen Arm um Toris Nacken schlingt.
Tori geht leicht in die Kniebeuge, taucht unter Ukes linken Arm, setzt den eigenen rechten Fuß im Kreisbogen ziemlich weit hinter die Beine

Fig. 143/144

des Gegners auf die Matte und zieht seinen linken Fuß nach, bis dieser etwa parallel mit Ukes linkem Fuß steht. Den rechten Arm schiebt Tori vor Ukes Körper vorbei, umschlingt Ukes rechten Oberschenkel und erfaßt das Hosenbein etwa an der Kniekehle. Anschließend erfaßt Tori mit der linken Hand Ukes linkes Hosenbein von außen ebenfalls in Kniehöhe. Tori drückt Uke fest gegen seine rechte Körperseite, richtet sich auf und streckt die Knie. Gleichzeitig reißt er Ukes beide Beine hoch und wirft den Gegner (Schaufelbewegung) rechts um sich herum hinter sich, wobei er sich mit seiner rechten Körperseite gegen den fallenden Gegner lehnt und die Hände losläßt (Fig. 143–145).
Bei einem an Körpergröße unterlegenen Gegner kann Tori mit der rechten Hand statt des Hosenbeins auch den Gürtel an Ukes rechter Körperseite erfassen.

Als eine Variation des Sukui-nage kann man den Gegenwurf Te-guruma ansehen, der z. B. gerne im Kampf gegen Uchi-mata oder Harai-goshi-Ansätze des Gegners angewendet wird. Tori geht in die Knie, bewahrt dadurch seine Balance und faßt mit der linken Hand von hinten zwischen Ukes Beine hindurch ein Hosenbein, die Jacke des Gegners (oder ähnliches!). Hat der Gegner sich nur halb eingedreht, wird nicht gefaßt, sondern Ukes Oberschenkel mit dem Unterarm umschlungen. Toris rechte Hand bleibt unverändert an Ukes Revers. Tori wirft den Gegner, indem er ihn anhebt, in Richtung des geplanten Wurfansatzes mit einem Dreiviertelsalto vorwärts (Fig. 146). Natürlich muß die ganze Konteraktion blitzartig erfolgen.
Eine ähnliche Technik: Morote-gari (oder Rio-ashi-dori) beruht auf

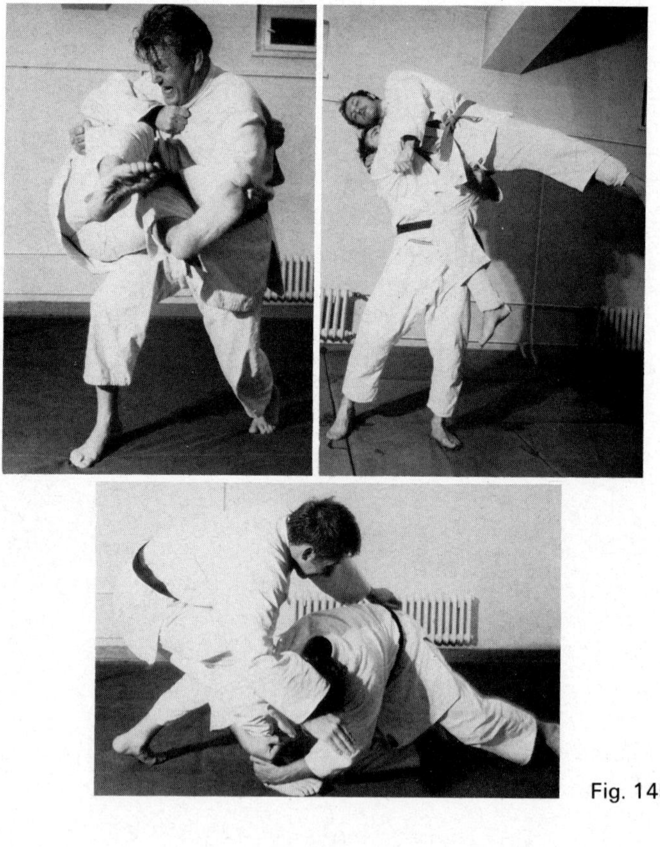

Fig. 145–147

einem Erfassen von Ukes beiden Achillessehnen. Tori nimmt den Kopf zur Seite (weil ein von Uke unwillkürlich hochgehobenes Knie sonst Toris Nase einschlägt) und stößt mit der Schulter gegen Ukes Oberschenkel, so daß der Gegner auf den Rücken fällt. Tori kann auch mit beiden Händen nur ein Bein des Gegners erfassen, sich noch stärker seitlich drehen und mit der rechten Schulter unterhalb Ukes Knie angreifen: Kata-ashi-dori (Fig. 147).

Diese Würfe werden bei sich bietender Gelegenheit gerne von untersetzten Federgewichtlern angewendet (die sich dabei nicht erst sonderlich zu bücken brauchen). Als Gegenwurf gelingt evtl. Tawara-gaeshi: Man umfaßt den Körper des Gegners von obenher mit beiden Armen und wirft ihn im Fallen über sich.

Utsuri-goshi Wechselhüftwurf

IV/5

Koshi-waza: Tori hebt den mit Koshi-waza angreifenden Gegner hoch, bringt seine Hüfte vor Uke und wirft den Gegner mit Hidari-goshi-waza.

Voraussetzung für diesen Gegenwurf ist, daß sich der Gegner relativ aufrecht eindreht. Utsuri-goshi läßt sich vor allem gegen kleinere oder gleich große Gegner anwenden.

Uke hat Tori wie bei Kubi-nage oder O-goshi erfaßt, sich eingedreht und versucht, Tori z. B. mit Harai-goshi zu werfen (Fig. 148).

Tori geht zur Verteidigung in die Kniebeuge und dicht an den Partner heran. Er läßt die linke am rechten Ellenbogen des Gegners befindliche Hand los, legt sie um Ukes linke Hüfte und erfaßt Ukes Jacke am Rücken

Fig. 148–151

Fig. 152/153

(Fig. 149). Toris rechte Hand bleibt an Ukes linkem Revers, rutscht jedoch etwas tiefer. Mit beiden Händen wird Uke an Toris Brust gepreßt und durch Streckung der Knie und Vorschnellen des Bauches in Richtung von Toris linker Schulter hochgehoben (Fig. 150). Ukes Unterkörper pendelt nach links. Beugt Uke nun seinen Oberkörper nach vorn, weil er einen Ushiro-goshi-Ansatz zu „wittern" glaubt und versucht, seine Füße wieder auf den Boden zu bringen, so schiebt Tori seine linke Hüfte eine Vierteldrehung nach links, so daß der Gegner mit Seite- oder Leistenbeuge darauf rutscht. Tori zieht dabei kräftig mit der rechten Hand an Ukes linkem Revers und wirft den Gegner mit Hidari-o-goshi, bevor Uke seine Füße wieder auf die Matte setzen konnte (Fig. 151).

Bei Utsuri-goshi sind die zeitlich richtige Reihenfolge aller Bewegungen, der richtige Zeitpunkt des Ansatzes und ein gewisser Schwung besonders wichtig. Utsuri-goshi erscheint dem Ungeübten „umständlich". Dieser erste Eindruck täuscht! Spezialisten verwandeln Hüftwurfansätze unvorsichtiger Gegner mit erstaunlicher Fertigkeit fast regelmäßig in einen Gegenwurf.

Utsuri-goshi-Aktionen des Gegners lassen sich im allgemeinen vermeiden, wenn man bei Koshi-waza-Ansätzen den Körper stark nach vorn und in Wurfrichtung lehnt. Bemerkt man den Utsuri-goshi-Konterversuch des Gegners erst spät, kann man sich manchmal noch durch Ko-uchi-gari-ähnliches Klammern mit dem rechten Fuß retten.

O-guruma
Großes Rad

IV/6

A s h i - w a z a : Der Gegner wird über Toris vor Ukes beiden Beinen oberhalb seiner Knie gestrecktes Bein in einem Dreiviertelkreisbogen geworfen.

O-guruma wird gerne von großen Kämpfern (mit entsetzlich langen Beinen!) angewendet. Der Wurf ist vorteilhaft, wenn Uke mit vorgebeugtem Oberkörper sperrt.

Tori erfaßt den Gegner mit der rechten Hand am linken Revers ziemlich weit oben und mit der linken Hand von außen am rechten Ärmel kurz oberhalb des Ellenbogens. Tori setzt den linken Fußballen mit einem weiten Schritt außen neben den linken Fuß des Gegners und zieht Uke gleichzeitig mit der rechten Hand kurz und kräftig nach links unten (Fig. 154). Will Uke sich wieder aufrichten, macht Tori auf dem linken Fußballen eine rasante Körperdrehung um 180° nach links und stößt das rechte Bein waagerecht vor Ukes beide Beine in Höhe der Oberschenkelansätze (Fig. 155). Toris rechtes Bein hat Kontakt mit Ukes Körper, die Zehen zeigen in Wurfrichtung. Toris rechte Hüfte und

Fig. 154–156

Fig. 157/158

Ellenbogen befinden sich an Ukes rechter Hüfte. Tori darf bei der Wurfbewegung diesen Kontakt mit Ukes Körper nicht verlieren. Gleichzeitig mit der Körperdrehung zieht Tori Uke so stark wie möglich mit der linken Hand nach vorn. Toris rechte Hand stößt Uke in Wurfrichtung (Fig. 156). Bei dem Wurf kommt es vor allem auf schnelles, schwungvolles und flüssiges Eindrehen im richtigen Moment des Kampfgeschehens an. Es ist günstig, wenn Ukes Balance durch Toris Eindrehbewegung und den Zug mit der linken Hand bereits weitgehend gebrochen ist, bevor Toris rechtes gestrecktes Bein in Aktion tritt und Ukes Unterkörper nach rückwärts schiebt.

Die erläuterte Eindrehbewegung kann Tori auch mit einem vorgetäuschten Hidari-ko-soto-gake einleiten.

Als Abwehr gegen O-guruma kann eine halbe Rechtsdrehung – verbunden mit einem Zurückreißen des rechten Arms bei aufrechter Körperhaltung – empfohlen werden.

Wer die Wirksamkeit von O-guruma im Kampf anzweifelt, sei auf Ex-Europameister Notola verwiesen, der sich mit dieser Technik seine Siege erkämpfte.

Soto-maki-komi
Außendrehwurf
IV/7

Sutemi-waza: Tori dreht, ähnlich wie zu Koshi-guruma ein und rollt sich – den Gegner mitnehmend – in Wurfrichtung zu Boden.

Dieser Wurf ist dazu geeignet, Gegner, die sich z. B. gegen einen O-goshi-Ansatz sperren, indem sie die Hüfte vorschieben, durch Aufgabe der eigenen Balance dennoch zu werfen.

Tori steht vor Uke, hat den rechten Ärmel des Gegners mit der linken Hand und Ukes linkes Revers mit der rechten Hand erfaßt. Tori setzt den rechten Fuß (Zehenrichtung beachten!) außen vor den rechten Fuß des Gegners und dreht sich, in tiefer Kniebeuge stehend so weit ein, daß sich seine rechte Hüfte Koshi-guruma-ähnlich vor Ukes rechter Hüfte befindet und die Balance des Gegners (stark mit der linken Hand ziehen!) nach rechts vorwärts gebrochen wird. Gleichzeitig löst Tori den Griff der rechten Hand an Ukes Revers, hebt den rechten

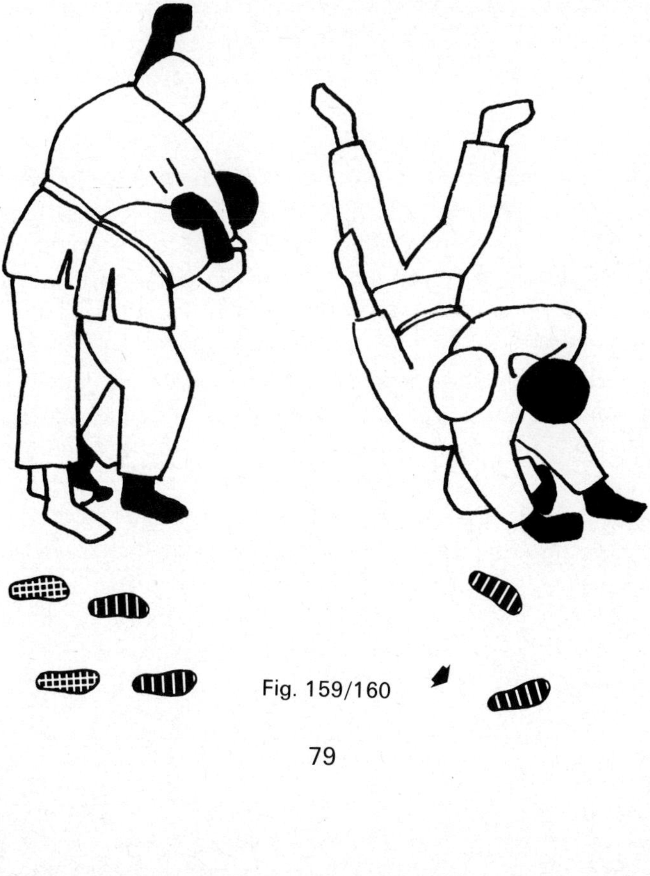

Fig. 159/160

Fig. 161

Unterarm hoch und schiebt die Innenseite des rechten Oberarms gegen Ukes linke Halsseite. Tori lehnt sich in Wurfrichtung, dreht den Kopf und schiebt den Gegner vorwärts, indem er die rechte Hand in einem Kreisbogen neben den fallenden Gegner (an dessen rechter Körperseite) zu Boden führt (Fig. 159–160).

Unter ständigem starken Zug der linken Hand – Ukes rechten Arm unter die eigene Achsel klemmend – wälzt Tori sich ohne Unterbrechung der Bewegung, Uke gleichsam um den eigenen Körper wickelnd, nach vorn auf die eigene rechte Körperseite. Der anhaltende starke Zug der linken Hand ist sowohl erforderlich, um Ukes Balance zu brechen, als dem steil fallenden Gegner die „Landung" zu erleichtern (Fig. 161).

Manche Meister empfehlen beim Übergang in die Bodenlage die Außenseite von Ukes rechtem Ärmel mit der rechten Hand zu fassen.

Aus Sicherheitsgründen muß Tori darauf achten, daß er nicht mit voller Wucht auf den Gegner fällt, sondern hauptsächlich neben Ukes rechter Seite landet.

Uki-otoshi
Schwebehandzug

Te-waza: Tori wirft den Gegner durch Zug einer Hand und Hub mit der anderen nach vorn seitwärts.

IV/8

Diese Handwurftechnik gelingt im Kampf nur in Ausnahmesituationen. Ihre exakte Beherrschung ist jedoch Grundlage für die Handarbeit bei einer Reihe von Ashi- und Sutemi-waza.

Fig. 162–165

Tori erfaßt den Gegner wie bei Sasae-tsuri-komi-ashi, d. h. mit der linken Hand an Ukes rechtem Ärmel und mit der rechten Hand an Ukes linkem Revers im oberen Drittel (Fig. 162). Zweckmäßigerweise wird der Wurf angesetzt, wenn Uke mit dem rechten Bein einen Vorwärtsschritt ausführt und sich anschickt, einen weiteren Schritt mit dem anderen Bein zu machen. In diesem Moment zieht Tori den Gegner besonders mit der linken Hand vorwärts, setzt gleichzeitig den linken Fuß im Halbkreis schwungvoll einen weiten Schritt zurück und kniet – den Gegner mitziehend und seine Balance nach rechts vorwärts brechend – links nieder (Fig. 163). Die Zehen des linken Fußes werden dabei aufgesetzt. Der Gegner steht jetzt mit seinem ganzen Körpergewicht auf seinem vorderen rechten Fuß und ist durch den starken Zug Toris linker Hand und Toris Niederknien nach vorn aus dem Gleichgewicht gekommen. Eine zunächst hebende (Tori hält dabei seinen rechten Ellenbogen dicht am Körper) und schließlich in Wurfrichtung schiebende Bewegung Toris rechter und anhaltender Zug Toris linker Hand – verbunden mit einer Vierteldrehung nach links und einer gemessenen schwungvollen Körperbewegung – lassen den Gegner mit einem Dreiviertelsalto zu Boden stürzen (Fig. 164–168).

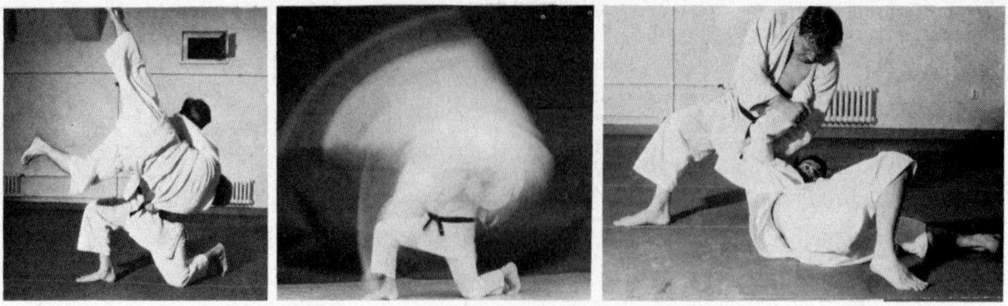

Fig. 166–168

Im Kampf ist es nicht unbedingt erforderlich, niederzuknien. Tori kann die Wurfbewegung in einem günstigen Moment auch ausführen, indem er mit leicht gebeugten Knien mit dem linken Fuß einen energischen halbkreisförmigen Rückwärtsschritt ausführt und den Gegner in stehender Position wirft: Kuki-nage.

Eine Gelegenheit für eine ähnliche Wurfbewegung ergibt sich, wenn der Gegner schwungvoll Uchi-mata ansetzt, auf Grund einer Ausweichbewegung Toris aber sein Wurfbein das Ziel verfehlt und „leer" hochfegt. Durch eine Ukes Eigenbalancebrechung verstärkende Handarbeit Toris stürzt der Gegner in hohem Bogen zu Boden.

O-soto-guruma
Großes Außenrad
V/1

Ashi-waza: Tori führt sein Bein von außen hinter beide Beine des Gegners, so daß sich die Rückseiten der Beine berühren und wirft Uke nach rückwärts.

Der Wurf ähnelt in Faßart, Wurfrichtung und Schrittbewegung dem O-soto-gari. Beim O-soto-guruma werden jedoch beide Beine des Gegners weggeschlagen. Man kann diesen Wurf als Ashi-guruma nach rückwärts auffassen.

Befindet sich Uke in einer nach rückwärts labilen Körperhaltung, setzt Tori den linken Fuß außen neben den rechten Fuß des Gegners (Fig. 169), hebt das rechte Knie (Fig. 170) und sticht den rechten Fuß (die Sohle zeigt zu Ukes Kniekehle) hinter die Beine des Gegners. Mit der Rückseite seines rechten Beins schlägt Tori dabei schwungvoll hinter Ukes Beine und trifft das rechte Bein des Gegners kurz oberhalb des Knies und das linke Bein etwa in Wadenhöhe (Fig. 171/173).

Fig. 169–172

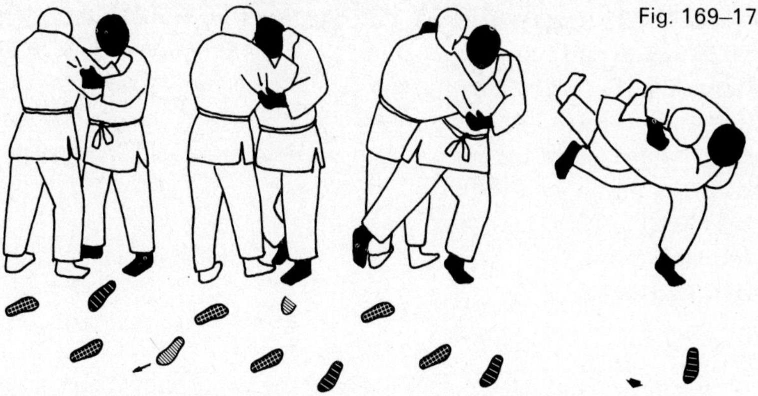

Tori zieht Uke mit dem linken Arm möglichst kräftig etwa waagerecht nach links außen, damit seine ganz rechte Seite Kontakt mit dem Gegner erhält. Tori muß seine Hüfte hinter die Hüfte des Gegners in Kontakt mit Ukes Körper bringen und den ganzen Körper nach vorn, d. h. in Wurfrichtung lehnen. Mit dem rechten Unterarm schiebt Tori den Gegner in Wurfrichtung. Uke stürzt direkt nach rückwärts zu Boden (Fig. 172/174).

Fig. 173/174

Bei einer anderen Version des O-soto-guruma setzt Tori den Wurf stark seitlich an, so daß Uke nach seiner rechten Seite in hohem Bogen zur Matte stürzt (Vorsicht Knieverletzungsgefahr!).
Zur Abwehr eines O-soto-guruma empfiehlt es sich, das rechte Bein und die rechte Hüfte, bevor der Gegner seinen Ansatz vollständig durchführen konnte, zurückzureißen.

Uki-waza
Rückfallzug
V/2

Sutemi-waza: Tori wirft sich – ein Bein seitlich am Gegner vorbeischiebend – auf die entsprechende eigene Körperseite und reißt Uke über sich zu Boden.

Dieser dynamische Yoko-sutemi-waza ist geeignet, Gegner zu werfen, die in Verteidigungsstellung stehen oder laufen. Es ist günstig, wenn Uke auf dem rechten vorgesetzten Fuß steht und seinen Oberkörper nach vorn gebeugt hat. Zur Ausführung des Wurfs muß Tori sich

Fig. 175/176

schwungvoll ohne Furcht auf seine Seite werfen – Hinsetzen ohne Balancebrechung ist wirkungslos.
Tori, der evtl. selbst auch in Verteidigungsstellung steht, erfaßt den Gegner wie bei Sasae-tsuri-komi-ashi und setzt den rechten Fuß – Zehen einwärts gedreht – innen vor den linken Fuß des Gegners oder zwischen Ukes Füßen auf die Matte. Die Außenkante des linken Fußes – das Bein ist gestreckt – schiebt Tori außen neben Ukes rechtem Fuß, den Gegner am Vortreten hindernd, über die Matte nach hinten und wirft sich gleichzeitig – Uke festhaltend – im Winkel von etwa 45° (zu Ukes Schlüsselbeinrichtung in Ausgangsstellung) vor den Gegner auf die eigene linke Seite (Fig. 175–177). Ukes Fuß befindet sich jetzt etwa an Toris Oberschenkel. Uke verliert dadurch, daß Toris gesamtes Körpergewicht plötzlich an ihm hängt, seine Balance nach rechts vorwärts. Tori vollendet die Gleichgewichtsbrechung durch Ziehen mit der linken und Heben mit der rechten Hand wie beim Sasae-tsuri-komi-ashi, so daß Uke im Bogen über ihn hinweg zu Boden stürzt. Bei der

Fig. 177/178

Ausführung der Handarbeit stemmt Tori seinen rechten Fuß fest gegen die Matte, hebt seine rechte Hüfte an und blickt zu Ukes „Landebahn". Uke fällt schnell und auf kürzestem Weg zu Boden (Fig. 176/178). Er führt meist eine Rolle vorwärts aus und muß sorgfältig darauf achten, nicht auf seine rechte Schulterspitze zu fallen. Das ist auch besonders bei Stehenbleibeversuchen von Uke zu beachten. Als Fortsetzung eines gerade noch abgewehrten Uki-waza bietet sich der Bodenkampf an.
Hat der Gegner den rechten Fuß zurückgesetzt, so kann Tori das Uki-waza-Prinzip ebenfalls anwenden, indem er seinen rechten Fuß weit zwischen Ukes Füße stellt und sich beim Fallen stark in Wurfrichtung dreht: No-waki.

Yoko-wakare
Seitenriß
V/3

Sutemi-waza: Tori wirft sich vor Ukes Füßen auf seine Seite und reißt den Gegner über sich.

Yoko-wakare wird angesetzt, wenn der Gegner breitbeinig in Vorlage steht. Die Balance des Gegners wird nach vorn gebrochen.
Tori erfaßt Uke mit der linken Hand am rechten Ärmel und löst den Griff der rechten Hand. Tori schwingt seinen rechten Arm unter Ukes rechter Achsel hindurch, um dann von außen Ukes rechten Ärmel zu erfassen (Fig. 179). Tori wirft sich auf seine linke Seite, indem er zuerst

Fig. 179–181

Fig. 182/183

sein rechtes gestreckt und unmittelbar folgend sein linkes Bein etwas angewinkelt vor Ukes Füßen in Richtung Ukes rechter Seite schwingt, so daß die Beine gegrätscht sind und die Zehen in Wurfrichtung zeigen (Fig. 180). Durch den Schwung von Toris Bewegung – er hängt sich an den Gegner und dreht sich in Wurfrichtung – und kräftigen Armzug wird Uke rasant nach vorn gerissen (Vorsicht! Uke darf nicht auf der Schulterspitze landen): Fig. 181.
Manche Meister empfehlen, den Gegner bei Yoko-wakare wie bei De-ashi-barai zu fassen. Das Eindrehen erfolgt O-guruma-ähnlich. Beim Wurf soll dann der Gegner mit dem rechten Arm gehoben werden, wobei Tori sich mit der rechten Fußsohle neben dem rechten Fuß des Gegners auf der Matte abstützt.
Judoka bezweifeln häufig die Wirksamkeit von Yoko-wakare. Im Ringen wird dieser Wurf jedoch als erfolgreiche Kampftechnik: „Armdrehschwung" angewandt. Wenn Sie einmal einem Ringer begegnen, lassen Sie sich werfen – Sie werden überzeugt sein!

Yoko-guruma
Seitenrad
V/4

Sutemi-waza: Tori schwingt sich, ein Bein außen, das andere zwischen Ukes Beinen nach hinten schiebend, unter den Gegner auf die eigene Seite und reißt Uke über sich.

Diesen Gegenwurf kann man ansetzen, wenn der Gegner z. B. mit O-goshi angreift, über unsere Schulter gefaßt hat und sich beim Wurfansatz nach vorn lehnt. Yoko-guruma ist eine Alternative zu Ushiro-goshi und Ura-nage.

Tori kann beim Koshi-waza-Ansatz des Gegners bereits angehoben worden sein, hat aber seine Balance noch nicht völlig verloren (Fig. 184). Tori läßt sich vom Armzug des Gegners mit aufrechtem Oberkörper um Ukes rechte Hüfte tragen und schwingt sich – das rechte Bein um Ukes rechtes Bein herum zwischen Ukes Beinen soweit wie möglich nach hinten schiebend – zu Boden (Fig. 185), bis Tori auf seiner linken Körperseite unter dem Schwerpunkt des Gegners liegt und in Wurfrichtung blickt. Toris rechter Fuß (Ober- und Unterschenkel bilden dabei einen stumpfen Winkel von etwa 135°) steht auf dem Boden. Toris linkes Bein befindet sich außen neben Ukes rechtem Fuß, die Fußaußenkante berührt die Matte. Toris rechte Hand, die sich zunächst noch wie vor dem O-goshi-Ansatz des Gegners an Ukes linkem Revers befindet, rutscht beim Fallen in Ukes Magengrube und hebt den Gegner nach oben und in Wurfrichtung.

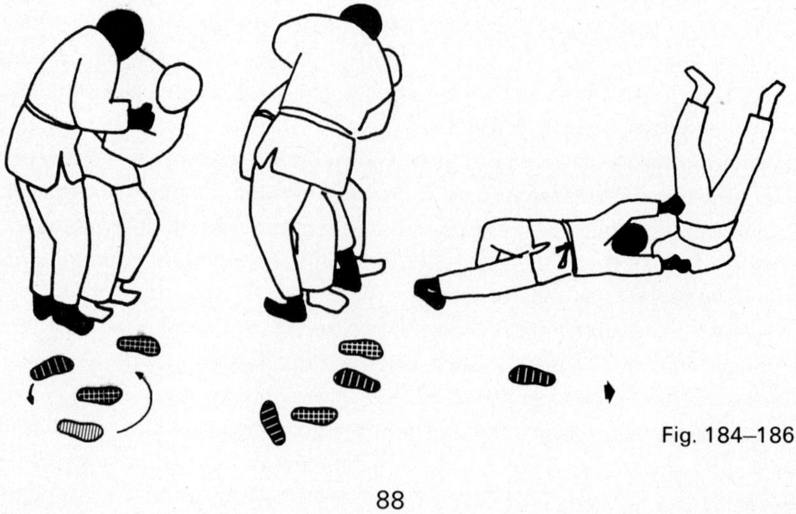

Fig. 184–186

Fig. 187

Toris linke Hand faßt die Jacke des Gegners auf seinem rechten Schulterblatt oder oberhalb des Gürtels oder den Gürtel selbst und zieht Uke während der ganzen Aktion und besonders im Fallen kräftig in Wurfrichtung nach vorn (Fig. 186).

Yoko-guruma muß schwungvoll ohne irgendeine Unterbrechung der Bewegung ausgeführt werden. Es ist eine schwierige aber wirksame Kontertechnik (Fig. 187). Der koreanische Meister Han Ho Rhee beherrschte diese Technik in hoher Perfektion und ließ ungläubige Hüftwurfansetzer regelmäßig über die Matte poltern.

Konterwürfe gegen Yoko-guruma haben kaum Aussicht auf Erfolg, da der Gegner bereits liegt. Uke kann froh sein, wenn er seine Balance so weit bewahrt, daß er nicht über Tori hinwegsegelt. Ein sofortiger Gegenangriff, z. B. mit Osae-komi-waza ist angebracht.

Ushiro-goshi
Hüftgegenwurf

V/5

T e - w a z a : Tori hebt den mit Koshi-waza angreifenden Gegner hoch und kippt ihn nach rückwärts.

Wenn Uke Hüftwurf oder Schulterwurf ansetzt und dabei relativ aufrecht oder fehlerhaft, d. h. leicht nach hinten geneigt steht, bietet sich eine Möglichkeit für diesen Gegenwurf. Ushiro-goshi ist nicht zu empfehlen, wenn der Gegner in starker Vorlage (Nase in Bodennähe) steht. Ushiro-goshi ist auch gegen an Körpergröße überlegene Gegner anwendbar. Es ist günstig, wenn Uke über unsere Schulter faßt (Kubi-nage).

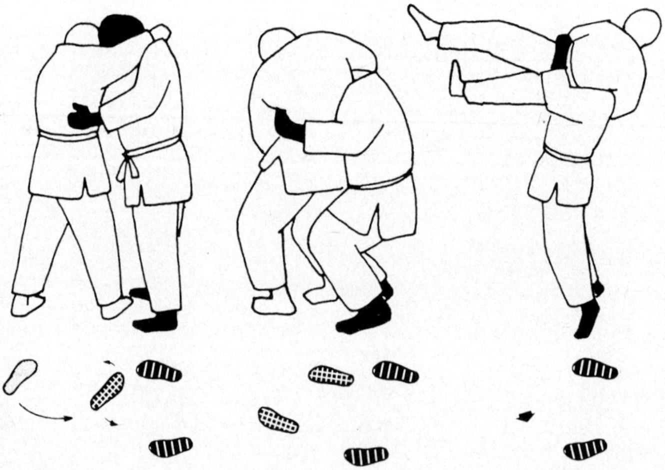

Fig. 188–190

Wenn der Gegner zum Wurf ansetzt (Fig. 188), geht Tori zunächst zur Verteidigung in die Kniebeuge und stoppt den Gegner, die Hüfte vorschiebend, möglichst bevor Uke sich vollständig eingedreht hat, d. h. wenn der Gegner Tori seine rechte Körperseite zuwendet. Toris linke Hand faßt um die linke Hüfte des Gegners und preßt Uke fest gegen die Brust. Toris rechte Hand bleibt am linken Revers des Gegners oder wird vor Ukes Bauch gebracht und in Richtung Toris linker Schulter nach oben gestoßen, so daß der Gegner gegen Toris Körper gedrückt und angehoben wird (Fig. 189). Zur Wurfausführung beugt Tori sich leicht nach hinten und hebt den Gegner, weiter auf guten Kontakt achtend, durch Streckung seiner Knie möglichst weit hoch (Fig. 190), mindestens jedoch so weit, daß Ukes Füße den Boden verlassen. Tori kippt den Gegner, evtl. verbunden mit einer Körperdrehung und einem halben Links-Rückwärtsschritt, ohne Unterbrechung direkt vor Toris Füßen auf die Matte, so daß der Gegner auf Rücken oder Seite fällt (Fig. 191/192).

Fig. 191–193

Im Kampf kann Tori die Balancebrechung bei seiner Konteraktion mit Ushiro-goshi durch Anheben seines linken Knies unterstützen (Fig. 193).

Zur Vermeidung von Ushiro-goshi-Gegenwurfaktionen des Gegners muß vor allem auf ausreichende Balancebrechung vor einem Koshi-waza-Ansatz geachtet werden. Während eines Ushiro-goshi-Konterversuchs des Gegners kann man sich manchmal noch durch O-uchi-gari-Ansatz oder entsprechendes Klammern mit seinem rechten Bein retten.

Ura-nage
Rückwurf
V/6

Sutemi-waza: Tori befindet sich neben Uke, preßt eine Körperseite des Gegners an seine Brust, wirft sich auf den Rücken und stößt den Gegner über sich.

Ura-nage kann man ansetzen, wenn es gelingt, an die rechte Körperseite des Gegners zu kommen. Dies kann z. B. wie bei Sukui-nage geschehen oder erfolgt Ushiro-goshi-ähnlich als Konterwurf, wenn Uke sich zu einem Hüftwurf eindreht.
Bei der Ausführung dieses Wurfs ist Vorsicht geboten, weil dem Gegner bei allzu schwungvoller Ausführung leicht der „Gilb" aus der Wäsche fährt.

Fig. 194–196

Hat Uke sich zu O-goshi eingedreht und um unser Genick gefaßt (Fig. 194), stoppt Tori die Eindrehbewegung des Gegners, wenn dieser ihm die rechte Körperseite zudreht, indem er in die Kniebeuge geht. Tori legt seinen linken Arm um die Taille des Gegners und faßt mit der Hand die Jacke an Ukes linker Hüfte oder drückt dort den Handteller gegen Ukes Körper (Fig. 195). Toris rechte Hand drückt – Fingerspitzen zeigen nach oben – in Höhe des Bauchnabels gegen

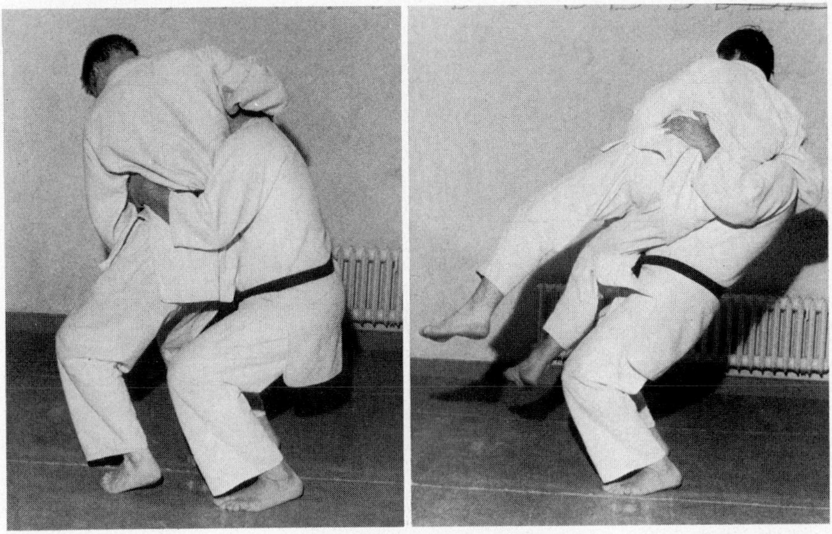

Fig. 197/198

Ukes Körper oder erfaßt dort Revers, Jacke oder Gürtel. Tori preßt den Gegner an die eigene Brust und wirft sich unter Vorschieben der Hüfte nach rückwärts (Fig. 196). Dadurch kommt Uke nach seitwärts-rückwärts aus der Balance. Im Fallen streckt Tori die Knie, stößt den Gegner mit dem Bauch und beiden Händen in Richtung der eigenen linken Schulter nach oben und wirft Uke – selbst auf den Rücken fallend – über sich auf die Matte. Dabei dreht sich Tori etwas nach links und blickt dem fallenden Gegner nach (Fig. 197/198).

Wichtigstes Erfordernis für Ura-nage ist enger Kontakt zu Ukes Körper. Ura-nage ist kein Kraftakt, sondern geschicktes Ausheben im richtigen Moment. Tori muß darauf achten, daß der Gegner über ihn hinweg bewegt wird und nicht etwa auf Toris Bauch landet. Ura-nage-Konterversuche eines Gegners lassen sich vor allem durch eine gute Balancebrechung vor jedem Koshi-waza-Ansatz vermeiden. Gelingt dem Gegner dennoch ein Ura-nage-Ansatz und bemerkt man dies erst im letzten Moment, kann man sich manchmal noch durch Ko-uchi-gari-ähnliches Klammern mit dem rechten Fuß retten.

Sumi-otoshi
Eckenkippe

V/7

Te-waza: Tori wirft den Gegner durch Zug einer Hand und Hub mit der anderen nach rückwärts-seitwärts.

Die Bedeutung dieses Wurfes liegt, abgesehen von gelegentlichen Anwendungsmöglichkeiten im Kampf (z. B. als Kontertechnik), darin, daß das Sumi-otoshi-Training eine ausgezeichnete Möglichkeit ist, die Handarbeit und Körperbewegung für Würfe nach rückwärts, wie z. B. O-soto-gari oder Ko-soto-gake, intensiv zu üben.

Fig. 199–201

Uke soll im Moment des Wurfansatzes auf seinem rechten Fuß stehen und die Tendenz haben, seine Balance nach rückwärts zu verlieren. Tori erfaßt den Gegner wie bei O-soto-gari und veranlaßt Uke, durch schwungvollen Zug mit der rechten Hand und einen kurzen Rechts-Rückwärtsschritt mit dem linken Fuß einen Schritt vorwärts zu machen. Ein vorsichtiger Gegner wird dabei sein Körpergewicht auf dem hinteren rechten Bein stehen lassen (Fig. 200). Tori wandelt seine Zugbewegung mit dem rechten Arm (den rechten Ellenbogen dicht an der eigenen Hüfte haltend und die Elle gegen Ukes Brust drückend) ohne Unterbrechung in einen starken Vorwärtsdruck um und bringt seine Hüfte vor (Fig. 200).

Fig. 202/203

Gleichzeitig gleitet Toris linker Fuß außen möglichst neben den rechten, hintenstehenden Fuß des Gegners. Ukes rechten Ellenbogen preßt Tori mit der linken Hand gegen Ukes rechte Hüfte. Tori lehnt sich dabei (Oberkörper aufrecht) nach vorn und stellt Kontakt mit der Brust des Gegners her. Uke verliert seine Balance und stürzt unter anhaltendem Druck von Toris rechtem Arm und Nach-unten-Ziehen seines linken nach rückwärts seitwärts zu Boden (Fig. 201–203).

Manche Meister empfehlen, den Gegner nach rückwärts zu verdrehen, d. h. Ukes rechten Ellenbogen zum eigenen Gürtelknoten zu ziehen. Eine gute Gelegenheit für Sumi-otoshi bietet ein nicht allzu guter O-soto-gari-Ansatz des Gegners.

Gelingt es mit Sumi-otoshi nicht, den Gegner vollständig aus der Balance zu bringen, führen evtl. ein sofort anschließender Tani-otoshi oder Yoko-otoshi zum Erfolg.

Yoko-gake
Seitfußzug
V/8

Sutemi-waza: Tori blockiert ein Bein des Gegners von außen mit seinem anderen Fuß und reißt den Gegner zu Boden, indem er sich selbst auf die Seite wirft.

Dieser letzte Wurf der GOYKO kann recht hart sein, daher ist bei seiner Ausführung Vorsicht geboten. Es ist günstig, wenn Uke seinen rechten Fuß vorgestellt hat.

Fig. 204–206

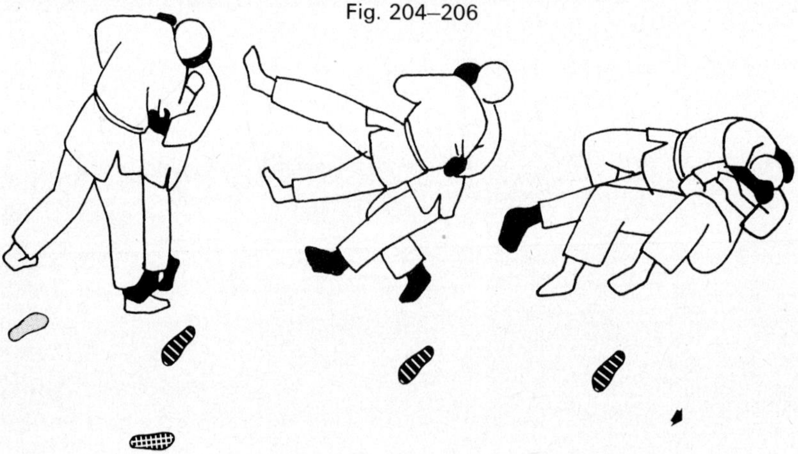

Eine im Kampf angewendete Form dieses Wurfes entspricht einem Sasae-tsuri-komi-ashi oder Harai-tsuri-komi-ashi, bei dem Tori sich zu Boden wirft und den Gegner mitzieht. Wenn Tori während eines Sasae-tsuri-komi-ashi-Ansatzes feststellt, daß dieser nicht ausreicht, das Gleichgewicht des Gegners zu brechen, kann er sich, um eine Balancebrechung doch noch zu erreichen, auf seine linke Seite werfen. Dabei ist es nicht ratsam, den Gegner vorwärts ziehen zu wollen, sondern richtiger, Uke direkt nach links-seitwärts zu werfen. Toris rechte Hand (der Unterarm kann gegen Ukes Brust gelegt werden) führt den Gegner bis in die Bodenlage. Tori muß seinen linken Ellenbogen kräftig zurückreißen, damit Uke nicht in Gefahr kommt, auf seiner rechten Schulterspitze zu landen. Toris rechter Fuß muß fest auf die Matte gesetzt werden; Tori dreht seinen Körper im Fallen in Wurfrichtung. Im übrigen gelten praktisch die gleichen Regeln wie bei Sasae-tsuri-komi-ashi (Fig. 204–206).

Fig. 207/208

Eine andere Möglichkeit, Yoko-gake anzusetzen, bietet sich nach einem erfolglosen Hüftwurfansatz. Nachdem Tori sich eingedreht und festgestellt hat, daß die Balance des Gegners nicht zu erschüttern ist und er sich wieder in die Ausgangsstellung zurückbewegt, kann Tori etwa dann, wenn er dem Gegner wieder seine Vorderseite zukehrt, seinen rechten Fuß von außen gegen Ukes linken Knöchel oder Ferse (Uke hat sein Körpergewicht noch als Abwehrmaßnahme gegen den Koshi-waza-Ansatz nach rückwärts und auf seinen linken Fuß verlagert) setzen und Uke mit seinem rechten Arm stark nach rechts seitwärts ziehen und mit dem linken Arm hebend nach Ukes linker Seite mit Hidari-yoko-gake werfen.

Diese Technik wird auch im Kampf als Kombination angewendet, indem Tori den Hüftwurfansatz nur vortäuscht und dabei den rechten Spann hinter Ukes linke Ferse bringt und Ukes Fuß „weglöffelnd" Yoko-gake ausführt. Weitere Möglichkeiten zum Yoko-gake-Ansatz bieten sich aus Ko-soto-gari oder Okuri-ashi-barai. Die Fortsetzung eines nicht vollgelungenen Yoko-gake ist der Bodenkampf.

Zur Verteidigung gegen Yoko-gake kann man den angegriffenen Fuß und den entsprechenden Arm zurückreißen oder mit dem anderen Bein einen energischen Vorwärtsschritt machen und den Gegner vor sich her stoßen. In beiden Fällen besteht, wenn dem Gegner der Wurf trotzdem gelingt, erhöhte Verletzungsgefahr (Schlüsselbein!).